AF453536

extraordinairement rare
par Antoine Arnaud avocat
pour la succession de Melle. de montpensier et comté d'Eu

F. 2891.
B.

A° F (25. Litt. H 148444) 34581

LES GARDES DE NORMANDIE,

Qui est vn plaidoyé pour Monsieur de Guyse.

Par lequel est monstree la iustice de l'arrest du 2. Sept. 77. du Parlement des Pairs, conseruateur du sacré domaine de la Couróne, qui a decidé que le droict de garde doit estre preferé au droict de viduité.

Et d'abondant y est prouuee la Coustume locale du Comté d'Eu, par laquelle il n'y a point de droict de viduité.

M. DC. XII.

LES GARDES
DE NORMANDIE

Qui est un plaidoyé pour Madame de Crcq.

Par lequel il se montre la suite de l'arrest du 2. Sept. 77. du Parlement des Pairs, confirmation du sacré domaine de la Couronne, qui a decidé que le droid de garde ...

Et d'abondant y est prouvé la Confifne Loub du Count d'Eu, par ...

LE IEVDY TROISIESME MARS

& autres iours suiuans six cens onze, apres que Mai-
stre Pierre de la Martiliere, Aduocat de Monsieur
le Prince de Condé, premier Prince du sang de Frãce,
assisté de Madame la Princesse sa mere & tutrice, eut
plaidé & conclu à l'enterinement de la Requeste pre-
sentée le 7. Feurier mil six cens neuf: A N T O I N E
A R N A V L D, *Pour Messire Charles de Lorraine,*
Duc de Guyse, Pair de France, Gouuerneur de Pro-
uence, defendeur, a dit:

E S S I E V R S, maistre Pierre de la
Martiliere & moy, auons chacun
vn grand aduantage:

    Luy de ce que sa cause d'vn pre-
mier œil, d'vn premier abord
semble fort plausible, fort fauo-
rable: Il represente les raisons d'vn pere contre vn
Seigneur de fief; & les represente pour le premier
Prince du sang de France.

    Moy, de ce que ma cause (si ie la peux bien ex-
pliquer, bien faire entendre, aidé, Messieurs, de vostre benigne audience) se trouuera sous correction
indubitablement bonne, telle, iugee par vn arrest
de prouision donné auec toute la cognoissance
qui se peut imaginer.

    De sorte que ie n'ay point vne sentence à defen-

A

dre, ains vne tref-notable decifion d’vn arreſt de
ceſte grand’ Chãbre, ſur vn poinct de droict, & vn
poinct de Couſtume, & feruãt de loy en pour
rents ſemblables, comme la plus grande partie des
maximes du Palais font tirees de pareils Arreſts de
prouiſion.

Ie m’efforceray de reſpondre à toutes les difficul-
téz qu’on a voulu apporter en la cauſe, & à toutes
celles qui peuuent naiſtre aux grands & excellens
eſprits de la Cour : & neantmoins de ne proferer
vne ſeule parole qui puiſſe eſtre retrãchee ſans faire tort à ma partie, & ſur tout de ne dire vne ſeule
choſe deux fois,

M’aſſeurant, (comme la defenſe eſt naturellement auſſi fauorable : qu’eſt odieuſe vne recherche
& vne vieille recherche) que ſuiuant le ſtil de la
Cour de ceans & de toutes celles du monde, il m’a
role me demeurera en ma iuſte defenſe.

Nonobſtant la ſupereminéte qualité de Monſieur le Prince, laquelle en ce lieu n’a, & ne doit
auoir auſſi, aucun autre priuilege que le choix du
Barreau, & rien plus : car pour le reſte,

Rex Iupiter omnibus idem.

Meſſieurs, mes defenſes conſiſtent en trois principaux poincts.

Ie ſouſtiens en premier lieu. Que le different qui
ſe remue à preſent, eſt ſi expreſſément decidé par
voſtre arreſt de LXXVII. qu’il n’y a, ſous correctiõ,
moyen quelconque de rien adiuger à Monſieur le
Prince tant que cet arreſt demeurera debout, contre lequel il ne s’eſt pourueu, ny par requeſte ciuile
ny autrement : & quand ſon conſeil l’entreprendra

nous sommes asseurez de l'en faire deboutter, d'autant qu'il n'y a aucune ouuerture, ny en la forme, ny au fonds.

Le second poinct de nos defenses consiste en ce que quand il n'y auroit point encores d'arrest, si est-ce qu'il est indubitable, qu'en l'ancienne Coustume de Normandie, sous laquelle le fait dont est questió est aduenu, le droict de garde est preferé au droict de viduité : & que d'auoir voulu introduire le contraire par l'article trois cens quatre-vingt trois de la nouuelle, c'est vne pure entreprise, & vsurpation trop hardie de ceux de la Prouince sur les droicts du ROY & de ses grands vassaulx.

En troisiesme lieu ie soustiens, que par la coustume locale du Comté d'Eu prouuee par tiltres indubitables, & mesmes par plusieurs arrests de la Cour, il n'y a point de droict de viduité en tout ce qui est dans le Comté d'Eu ; & consequemment qu'au gaing des fruicts dont il est question, feu Monsieur le Duc de Guyse, Comte d'EU, *non solùm potior fuit, sed solus* ; d'autant que feu Monsieur le Prince ne pouuoit pretendre aucun droict de viduité dans terres scituees au Comté d'EU, où tel droict n'eut iamais lieu.

Quant au premier poinct il est impossible de le faire entendre, ny d'esclarcir les paroles de l'arrest de LXXVI. si on ne reprend le fait vn peu de haut; mais ie le feray fort court, *& summa sequar fastigia rerum* : ET neantmoins ceste deduction succincte, seruira infiniement en toutes les parties de la cause.

MＥＳＳＩＲＥGuillaume de Croy, ſieur de Chieures, aſſez cogneu en noſtre hiſtoire, acquit en Iuillet mil cinq cens dixneuf, partie en don, & partie par achapt, de Germaine de Foix Roine doüairiere d'Arragon, les Comté de Beaufort en Champaigne, Colomiers en Brye, Heruy, ſaint Florentin, & pluſieurs autres grandes terres.

Peu de temps apres venant à deceder, il laiſſa par ſa derniere volonté ces belles ſeigneuries eſgallement à Philippes & Charles de Croy ſes nepueux, *quos, cum non eſſet ei propria ſoboles, non ſecus ac ſanguinem ſuum fouebat.*

Charles lors fort ieune demeura en la main & en la puiſſance de Philippes Duc d'Aſcot ſon frere aiſné, qui luy fit bailler pour tuteur vn ſien Maiſtre d'hoſtel, auec lequel il fit en ſon chaſteau de Beaumont vn partage ſi iniuſte, que pour tout bien de pere, mere, & oncle, il ne laiſſa pas à ſon frere la valeur de la moitié de ce qui luy appartenoit en ces terres, venuës de Germaine de Foix, eſgallement à eux leguees par leur oncle.

Neantmoins le duc d'Aſcot eſtimant par ce partage eſtre ſeigneur de la totalité de ces terres, & ſçachant d'ailleurs le ſecret de l'Empereur Charles V. ſon maiſtre, *& ſon deſir inſatiable d'entreprendre touſiours contre la France (dont il ne peut de ſa vie eſtre guary que par le ſignalé affront que luy fit receuoir deuant Mets à la veuë de toute l'Europe, l'ayeul de ma partie, bornant là ſon* PLVS OVTRE *ſous les auſpices & le bon-heur du Roy Henry II.)* Et craignant le Duc d'Aſcot qu'à la premiere rupture de paix les biens qu'il auoit en France fuſſent confiſquez par rebellion, il ſe reſolut de s'en desfaire à quelque prix que ce fuſt.

Il y auoit vn vieil procez pour ces terres contre les enfans du feu ſieur de Lautrec Odet de Foix mort deuant Naples qui en demandoient le retraict lignager : Ceſte cauſe auoit eſté lentement pourſuiuie, parce que les demandeurs y eſtoient mal fondez faute d'eſtre venus dans le temps & d'auoir fait les conſignations requiſes par les Couſtumes, Ioinct qu'en l'acquiſition de ces terres faites par le ſieur de Chieures, la donation & liberalité de la Royne Germaine preualoit non ſubiette à retrait.

Le Duc d'Aſcot fit entendre au tuteur des enfans du feu ſieur de Lautrec qu'il deſiroit voir vne fin de ce different, & pour le faire court, il s'accorda auec eux en telle ſorte, que moyennant la ſomme de ſoixante & dix mil eſcus, que les tuteurs luy firent toucher dans Anuers, il leur laiſſa toutes ces grandes ſeigneuries *qu'il promet garantir contre tous ceux qui ſe voudroient dire heritiers du ſieur de Chieures.*

Quelque temps apres Charles de Croy qu'on appeloit le Comte de Senighan vint à Paris, où il fut ſi benignement & ſi humainement receu par noſtre Roy François I. que de ce iour il ſe reſolut d'eſpouſer la fortune de la France.

Approchant de maiorité il demanda la reſciſion de ce partage iniuſte que luy auoit fait ſon frere aiſné, & par meſme moyen fit appeler les detempteurs des terres, afin de voir ordonner que les arrefts qui interuiendroient contre fon frere, feroient executoires contre eux.

En fin par arreft de la Cour, du feptiefme iour de Septembre mil cinq cens quarante neuf le partage eft diffinitiuement caffé entre les deux freres : & pour le regard des detempteurs, il eft ordóné qu'ils contefteroient plus amplement.

Ceux du cófeil de la maifó de Neuers, en laquelle ces grandes feigneuries eftoient tombees par le deceds de tous les enfans du fieur de Lautrec, voyans venir fur eux cefte tempefte qui leur emportoit vne moitié de ces belles terres, & l'autre demeuroit confommee pour la reftitution des fruicts depuis l'an 1532. que la caufe de la caffation du partage auoit efté conteftee : ne trouuerent autre moyen de la coniurer & deftourner, que par vn mariage qui fut depuis contracté entre la feconde fille de la maifon de Neuers, qui eft Madame la Ducheffe de Guyfe, & Meffire Antoine de Croy Prince de Portien, fils vnique & feul heritier de Charles de Croy Comte de Senighan.

En ce contract de mariage, il y a claufe expreffe par laquelle fi le fieur Prince de Portian decede fans enfans (ce qui eft aduenu) il donne à fa future efpoufe la moitié qui luy appartenoit en ces terres auec la reftitution des fruits.

Il y auoit lors en la maifon de Neuers cinq enfans, deux fils & trois filles.

L'aifné fut tué en la bataille de Dreux, & le fecond mourut à Lyon en l'an foixantequatre.

Par cefte mort la fucceffion de la maifon efcheut collateralement aux trois filles, Henriette qui estoit defuncte Madame la Duchesse de Neuers, Catherine qui est Madame de Guyse, & Marie qui fut depuis Madame la Princesse de Condé.

Il y auoit en ceste succession deux Pairries, le Duché de Neuers, & le Comté d'Eu.

Le Sieur Prince de Portian lors mary de Madame de Guyse desiroit ardamment d'auoir l'vne de ces deux Pairries.

Dignité des plus releuees du Royaume, telle tenuë entre les François, & plus encores entre les estrangers, en laquelle consideration & pour les raisons contenuës en l'histoire de ce temps-là, il preferoit la qualité de Pair de France, à l'aduantage du bien & à la vraye & solide valeur des terres.

Ce desir bruslant en vn esprit courageux, & qui ne sçauoit rien dissimuler, fut incontinent recogneu par ceux qui conduisoient les affaires des deux autres sœurs qui se delibererent de le faire Pair de France, mais aux despens de sa femme, & bien cherement.

En l'an mil cinq cens soixante-six, le Roy Charles estant à Molins fut traicté le partage entre ces trois sœurs, & apres plusieurs conferences, il fut arresté qu'on bailleroit à chacune des deux puisnees vingthuict mil liures de rente franchement de toutes debtes ; & que tout le surplus des biens de la maison demeureroit à l'aisnee, *auec la charge de toutes les debtes, horsmis l'euenement du procez d'Ascot qui demeure au peril commun de trois sœurs chacun pour son tiers, auquel procez le sieur Prince de Portian proteste par clauſe expreſſe de n'entendre en rien preiudicier.*

En execution de ce projeſt on laiſſe au ſieur Prince de Portian pour ſa femme le Comté d'Eu, auec diſtraction de certaines Baronnies de valeur de ſix mil liures de rente qui ſont demeurées à Marie troiſieſme ſœur. Et y a clauſe expreſſe que ces Baronnies ſeroient tenuës en fief. reſſort & iuſtice du Comté d'Eu, comm'elles auoient accouſtumé, & dont deſlors Marie demeure reçeüe en foy ſans aucune ſolemnité, & en la quelle foy il eſt accordé que les deſcendans d'elle ſeront reçeus par procureur, ſans que pour la premiere alienation qui s'en pourroit faire, en ſoient deubs profits ſinon la foy.

Apres la mort du ſieur Prince de Portian, Madame de Guyſe encores mineur, prit lettres pour faire caſſer ce partage comme y eſtant enormément laiſee : Et d'ailleurs demanda d'eſtre ſubrogee du chef de ſon premier mary à la pourſuite du procez de Beaufort, & autres grandes terres contre la maiſon de Neuers.

La cauſe de ceſte ſubrogation fut plaidee ceans durant le Careſme de l'annee mil cinq cens ſoixante & treize, ſolennellement & éloquemment, ſi iamais autre le fut, & en fin ſur le champ Madame de Guyſe demeura ſubrogee au procez de Beaufort, tant auec le ſieur Duc d'Aſcot, qu'auec Madame la Princeſſe de Condé & Madame la Ducheſſe de Neuers ſes ſœurs.

Cet arreſt effraya tellement leur conſeil, qu'ils ne ceſſerent auſſi toſt que les vacations ſuiuantes donnerent quelque relaſche de procurer vne grande

de

de assemblee qui se fit en l'Abbaye saint Germain des Prez.

Monsieur le Cardinal de Bourbon & Monsieur de Montpensier, Messieurs les Cardinaux de Lorraine & de Guyse, Monsieur le premier President de Thou Monsieur le President Seguyer & Monsieur le President Preuost s'y trouuerent plusieurs fois auec tous les conseils des trois maisons, composez des premiers hommes de nostre ordre.

En fin le 24. Septembre 1573. il fut arresté *que le partage de la maison de Neuers fait à Molins, sortiroit son plein & entier effect. Que Madame la Princesse de Condé & Madame de Neuers demeureroient quittes de l'euenement du procez de Beaufort, & que moyennant ce Madame de Guyse auroit les Baronies dont i'ay parlé, releuantes du Comté d'Eu, en fournissant quatre mil liures de rente en fonds de terre à Madame la Princesse de Condé, à laquelle Madame de Neuers bailleroit aussi trois mil liures en fonds de terre.*

Tellement que Madame la Princesse auoit sept mil liures de rente au lieu de six mil, & demeuroit quitte de l'euenement du procez de Beaufort : Ce qui n'estoit point de si petite importance, que par la liquidation qui en a depuis esté faite, le tiers qu'elle deuoit des fruicts seulement, sans comprendre le principal, ne montast deslors plus de quatre cens mil liures, sauf son recours contre le Duc d'Ascot qui n'a en Fráce aucun bien de valeur, & qu'on ne peut poursuiure aux Pays-bas à cause de certaines patentes qu'il a obtenues du Roy d'Espagne.

Et Madame de Guyse perdoit par cet accord ses

actions pour le procez de Beaufort contre Mefda-
mes fes fœurs, & demeuroit en fon petit partage: Et
pour toute recompenfe elle auoit deux mil liures
de rente, puis qu'elle en bailloit quatre mil pour en
auoir fix.

Cet accord eft figné par Monfieur le Cardinal
de Bourbon, Monfieur de Montpenfier, meffieurs
les Cardinaux de Lorraine & deGuyfe,& meffieurs
les trois Prefidents que i'ay nommez, enfemble par
feu Monfieur le Prince de Condé & Madame fa
femme, Monfieur le Duc de Guyfe & Madame fa
femme, Monfieur de Neuers & Madame fa femme.

Si cefte tranfactió fut demeuree, iamais ce procez
n'euft peu aduenir, car ces Baronies & le Comté
d'EU euffent appartenu à vne mefme perfonne.

Mais le malheur voulut que quelques feruiteurs
ennemis du repos, perfuaderent à Monfieur le Prince de faire fignifier le lendemain qu'il ne vouloit
point tenir cet accord fait auec tant de poix, d'e-
quité, & de Iuftice.

Au bout d'vn an deceda Madame la Princeffe en
couche de Madamoifelle de Bourbon fa fille vnique qui l'a furuefcue d'enuiron vingtdeux ans.

Par fon deceds ces Baronies tomberent en la garde du Comte d'EU, qui eft vn vfufruict que la Couftume d'EU, conforme en cela à la generale de Normandie, donne aux feigneurs fur les fiefs non partables appartenans à leurs vaffaulx foubs-aages de
vingt ans.

Le douziéme Nouembre foixante quatorze, en
vertu d'vne Commiffion du Bailly d'EU ces Baro-

nies & autres terres sont saisies, comme tombees en la garde du Comté d'EU.

Par la mesme coustume, s'il y a quelque chose mouuant du ROY à cause de son Duché de Normandie, cela attire tout le reste.

Or combien que Madamoiselle de Bourbon n'eust chose quelconque releuant du ROY comme Duc de Normandie, ainsi que l'euenement l'a fait cognoistre; neantmoins pour troubler & trauerser nostre saisie, on suscite le subtitud de Monsieur le Procureur General du ROY au tresor, qui fit saisir ces Baronies le second Ianuier mil cinq cens soixante & quinze.

Au mesme instant appel fut interietté par Monsieur le Duc & Madame la Duchesse de Guyse, de la saisie du tresor: Appel aussi par Monsieur le Cardinal de Bourbon tuteur de Madamoiselle de Bourbon sa petite niepce, de l'octroy de la Commission du Bailly d'EU & de la saisie faite en vertu d'icelle.

L'annee suiuante mil cinq cens soixante seize, Messieurs les Cardinaux de Bourbon & de Guyse, & Messieurs les presidents de Thou, Seguyer & Preuost se rassemblerent auec le conseil des parties, & là furent debattus & curieusement recherchez tous les droicts & moyens des appellations respectiuement interiettees: Rien de tout ce qui se pouuoit dire pour & côtre le droict de garde: Rien de ce qui se pouuoit dire pour & contre le droit de viduité ne fut obmis, & les Coustumes curieusement veues, pesees, balancees, considerees. En fin par aduis de toute la compagnie il fut trouué que le

droict de garde deuoit estre preferé au droict de viduité, pour plusieurs grandes raisons, qui seront
tantost representees : si mieux Monsieur le Prince
n'aimoit entretenir l'accord de saint Germain : auquel cas il n'y auroit plus de procez.

Sur cela Monsieur le Cardinal de Guyse remon-
stra, qu'encores que plusieurs eussent peu faire difficulté de reuenir à l'accord de saint Germain aprés
vn si grand droict de garde escheu, & qui pouuoit
durer longues annees:

Neantmoins parce que ceste transaction cou-
poit la racine à toutes sortes de differents, il se
faisoit fort pour Monsieur de Guyse son nepueu,
qu'il l'entretiendroit : dont toute la compagnie
le remercia ; & par aduis commun fut fait le contract du vingtneufiéme May mil cinq cens soixante
seize, entre Monsieur le Cardinal de Bourbon soy
faisant fort de Monsieur le Prince de Condé son
nepueu, & feu Monsieur le Cardinal de Guyse soy
faisant fort aussi de son nepueu : Par lequel il est
conuenu, que le sieur de l'Isle Gentilhomme d'esprit, qui faisoit lors les affaires de feu Monsieur le
Prince, lequel auoit principalement procuré ceste assemblee, & qui auoit esté present en toute la
conference, iroit promptement aduertir Monsieur
le Prince de tout ce qui auoit esté fait, afin que de-
dãs six sepmaines il luy pleust de declarer sa volonté sur l'offre de Mõsieur le Cardinal de Guyse, & s'il
luy plaisoit que l'accord de S. Germain sortist effect, & cependant fut donné main leuee à Monsieur
le Prince de Condé pour ioüir comme personne

eſtrange, *& fut conuenu que ledit temps de ſix ſepmai-*
nes eſcoulé, la ſaiſie faite pour le droiɕ de garde tiendroit
comme auparauant, tant pour le paſſé que pour l'aduenir.

Ce contraɕ fait ſi ſolemnellement apres vne telle conference & diſpute exaɕe de tous les droiɕs des parties par l'aduis de ſi grands perſonnages, vuidoit toutes les difficultez, & iugeoit que ſi Monſieur le Prince de Condé n'entretenoit le contraɕ de ſaint Germain il ne pouuoit empeſcher l'effeɕ de la garde.

Monſieur le Prince approuua ce contraɕ, car il ſe ſeruit de la main leuee ſtipulee par iceluy, & reçeut les deniers eſcheus de la garde depuis le commencement d'icelle iuſques alors, qui ſe môtoient dix mil liures, mais il ne declara point dans les ſix ſepmaines ny depuis qu'il voulut entretenir les articles de ſaint Germain : Au moyen dequoy en Septembre mil cinq cens ſoixante ſeize, la premiere ſaiſie de la garde fut confortee par nouuelle Commiſſion du Bailly d'Eu, Et toutes choſes ſe tournerent à la procedure contentieuſe.

Doncques l'annee ſuiuante mil cinq cens ſoixante dixſept, les appellations furent ſolemnellement plaidees en ceſte grande Chambre, où tout ce qui ſe peut & pourra iamais dire ſur ce ſubiet fut allegué & repreſenté.

Les parties ſont appoinɕees à mettre leurs pieces par deuers la Cour.

Le procez ayant eſté pleinement inſtruit, il eſt mis ſur le Bureau, La Cour voyant que c'eſtoit vn poinɕ de Couſtume tres-important, & que l'Ar-

B iij

rest qui interuiendroit feroit loy en toutes causes semblables, deputa Monsieur de Vignolles rapporteur , & Monsieur Perrot pour aller en la Chambre des Comptes, & là en vne Chambre appelee de Normandie, & par tout ailleurs , & mesme aux Greffes voir exactement toutes les liaces, les comptes, les regiltres & memoriaux, afin de recognoistre comment on en auoit vsé , & si le droict de garde auoit esté preferé au droict de viduité.

Messieurs de Vignolles & Perrot ayans fidellement & soigneusement faits leurs extraicts, & le tout rapporté à la Cour, s'ensuiuit arrest tres-contradictoire, & apres grande cognoissance de cause s'il en fut iamais, par lequel pour le regard de l'appel de Monsieur & Madame de Guyse de la commission du Tresor & ce qui s'en estoit ensuiuy, La Cour met l'appellation & ce dont auoit esté appelé au neant : Quant à l'appel de l'octroy de la commission du Bailly d'Eu, l'appellation est mise au neant : & pour le regard de l'appel de l'execution de la commission, il est conuerti en opposition , & auant que d'y faire droict diffinitiuement , il est ordonné que les parties articuleront plus amplement leurs faits dans huictaine pour y respondre à la huictaine ensuiuant , produiront, bailleront contredits & saluations, & à oüir droit, sauf apres auoir veu leurs productions de les appointer à informer plus amplement tant par lettres que tesmoins si besoin est,

Et cependant par maniere de prouision & sans preiu-

dice des droicts des parties, que les Comtes & Comteſſe
d'Eu iouyront de la garde, laquelle ils tiennent en foy &
hommage, & qu'ils portent par adueu au Roy à cauſe de
ſon Duché de Normandie, & perceuront les fruicts par
le moyen de ladite garde des Baronnies & Seigneuries
qui ont eſté baillees & delaiſſeʒ à ladite defuncte Dame
Marie de Cleues Princeſſe de Condé &c. Leſdites terres
& Seigneuries faiſans part & portion dudit Comté
d'Eu compris ſous l'hommage dudit Comté, tout ainſi &
en la forme & maniere que le Roy en iouyroit s'il y auoit
ouuerture dudit Comté, LE TOVT SVIVANT
LA COVSTVME DES LIEVX, Si mieux le
Cardinal de Bourbon au nom & qualité qu'il procede ne
veut entretenir l'accord paſſé en l'Abbaye ſaint Germain des Prez le vingtquatrieſme Septembre mil cinq
cens ſoixante treize, &c. Ce qu'il ſera tenu faire dans vn
mois pour toutes prefixions, &c.

Le cinquieſme Octobre enſuiuant, Monſieur le
Cardinal preſenta Requeſte afin d'auoir proroga-
tion de delay pour opter, & le ſeptieſme dudit
mois d'Octobre Monſieur & Madame de Guyſe
preſentent Requeſte afin que l'arreſt fut executé
purement & ſimplement:ſurquoy les parties ayant
eſté derechef amplement ouyes & mis leurs pieces par deuers la Cour, elle ordonne par ſon arreſt
du trentieſme Octobre ſoixante dixſept, que ſans
auoir eſgard à la requeſte dudit ſieur Cardinal
ayant eſgard à celle des Duc & Ducheſſe de Guyſe
que l'arreſt ſeroit executé.

Tout le trauail du conſeil de Monſieur le Prince
eſt de s'efforcer de faire croire qu'il ne faut point

fuiure ces arrefts : A cet effect il allegue le temps, *Secundo*, que monfieur le Cardinal ne s'eft bien defendu, *Tertio*, ils fe feruent des articles de la Couftume de Normandie reformee, *Quarto*, ils adiouftent que les chofes iugees auec d'autres ne nuifent.

Quant au premier il eft bon de fe reffouuenir de l'eftat des affaires en l'annee foixante dixfept.

Feu monfieur de Guyfe n'auoit que vingtfept ans, il auoit perdu és annees precedentes, fes deux oncles auant qu'ils euffent cinquante ans dont fa maifon eftoit extrémement affoiblie.

Le Roy n'auoit point d'enfans, fon heritier prefumptif le fucceffeur de la Couronne feu monfieur ne fauorifa iamais monfieur de Guyfe.

Marchoit apres le Roy Henry le Grand de la vertu & bonne fortuñe duquel, les plus clairs-voyans n'ont iamais rien moins efperé que ce que nous en auons cogneu.

Il eftoit fuiui par feu monfieur le Prince de Condé partie aduerfe de monfieur de Guyfe en cefte caufe, monfieur le Prince di-je, plein de vertu, de valeur & de courage, à qui Dieu auoit donné trois grands Princes fes freres genereux affiftez encores de meffieurs les Princes de la maifon de Montpenfier Bourbon, fi affectionnez en tout ce qui concernoit monfieur le Prince, qu'ils fe voulurent trouuer à la plaidoirie de cefte caufe.

Comment feroit-il poffible de perfuader que contre toutes ces puiffances fi grandes, fi redoutables, feu monfieur de Guyfe euft extorqué de la Cour des arrefts iniuftes en poinct de droict, en

poinct

poinct de couſtume, faiſant loy en tous differents ſemblables.

De ces deux arreſts le premier eſt donné depuis la paix accordee à Poictiers, le dernier eſt de vingt-deux iours apres qu'elle fut publiee.

Mais paraduanture que Monſieur le Cardinal de Bourbon ne s'eſt pas bien defendu, il fauoriſoit Monſieur de Guyſe:

Diſtinguons les ſaiſons, cet arreſt eſt donné ſept ans auant le deceds de feu Monſieur, il eſt de l'annee ſoixante dixſept, auquel temps Móſieur le Cardinal de Bourbon eſtoit, ie ne diray pas affection-né ſeulement, mais paſſionné à tout ce qui concer-noit le nom de Bourbon, & le bien & l'aduantage de Meſſieurs ſes nepueux:

Et de fait, voyons quel Aduocat, luy tuteur choi-ſit pour plaider la cauſe: fut-ce quelqu'vn qui man-quaſt d'y apporter la foy & l'affection qui y eſtoit requiſe? Il ſçauoit que le principal intereſt regar-doit Monſieur le Prince, il cognoiſſoit auſſi la ſuf-fiſance de Maiſtre Pierre du Lac de tout temps Aduocat de Monſieur ſon nepueu, il le choiſit pour plaider la cauſe, ce qu'il fit auec tant de do-ctrine & de vigueur que quand Monſieur le Prin-ce quelques annees apres voulut faire replaider ſa cauſe en la chambre de l'Edict (où nul de Meſ-ſieurs n'entroit qu'il ne luy fuſt agreable) encores qu'il ſembloit importer que ce fuſt vn autre Ad-uocat que celuy qui l'auoit perduë par prouiſion en ceſte grande chambre, Neantmoins il voulut que ce fuſt le meſme Maiſtre Pierre du Lac qui y fit derechef tout ce qu'vn bon Orateur, tout ce qu'vn sçauant Iurisconsulte sçauroit faire en vne mauuaise cause,

--- Si pergama dextra
Defendi possent, etiam hac defensa fuissent.

Quant au troisiesme moyen contre la decision de soixante dixsept fondé sur la reformation de la Coustume de Normandie, & l'article trois cens quatrevingt trois de ceste nouuelle Coustume, il y a quatre principales responses:

La premiere, que ceste reformation n'a esté acheuee qu'en quatrevingts sept, qui est treize ans apres le cas de ceste garde aduenu : Les loix ont les yeux deuant & non derriere, La reformation des Coustumes n'ostent iamais le droict desia acquis, & autrement ce seroit vne merueilleuse confusion, vn merueilleux desordre, car chacun auroit sa visee non pas pour establir la meilleure & la plus sainte loy, mais pour y faire arrester celle qui luy donneroit le bien d'autruy & qui tolliroit le droict ià acquis à son parent, à son seigneur, ou à son vassal:

Aussi l'Aduocat de Monsieur le Prince recognoissant cela sans difficulté dit que l'article trois cens quatrevingts trois de la nouuelle Coustume de Normandie n'est point marqué pour nouueau, ains qu'il est de l'ancienne Coustume : A quoy il ne faut autre response sinon celle qui se tire de la lecture de l'arrest de Septembre mil cinq cens soixante dixsept : Car la Cour a iugé par iceluy clairement & manifestement qu'en l'ancienne Cou-

ſtume de Normandie la garde eſtoit preferee au
droiϭt de viduité du pere, & l'a iuge par le moyen
des grandes & inexpugnables raiſons qui ſeront
tantoſt repreſentees : Or la nouuelle Couſtume de
Normandie a voulu eſtablir tout le contraire par
cet article trois cens quatrevingts trois, & conſé-
quemment on ne peut dénier qu'il ne ſoit nouueau.

Et quant à ce qu'on inſiſte que cet article n'a
pas la marque qu'on a mis à ceux que les reforma-
teurs ont voulu eſtre eſtimez ſeuls nouueaux, la
principale reſponſe ſera priſe du ſecond moyen
que i'apporteray contre ceſte nouuelle couſtume :
mais cependant la Cour ſe reſſouuiendra s'il luy
plaiſt qu'elle a fort ſouuent iugé, qu'encores que
ny par le texte ny par le procez verbal d'vne Couſtume, il ne ſoit dit qu'vn article eſt nouueau, il
ne s'enſuit pas pour cela qu'il ne puiſſe eſtre declaré tel. Dont afin de ne point ennuyer la Cour, ie
me contenteray de deux exemples,

L'vn fut en la couſtume de Berry, où au tiltre des
ſucceſſions, article trentequatrieſme, il eſt porté
que la fille qui a renoncé à l'heredité de ſon pere
peut neantmoins demander le ſupplément de ſa
legitime : Se trouuoit vne fille qui auoit renoncé
auant ceſte couſtume reformee : le cas de la ſucceſſion eſtoit aduenu depuis : elle demande ſa legitime : On luy reſpond c'eſt vne couſtume nouuelle :
Elle replique liſez le texte, liſez le procez verbal
vous n'y trouuerez vn ſeul mot de couſtume nou-

uelle : Au furplus, ie fuis fondee fur le droict de la nature, le droict Romain, le droict ciuil, le droict commun, pourquoy me refuferez-vous vne chofe fi fauorable que le fupplément de ma legitime à la mefme confideration de la mutuelle charité d'entre les peres & les enfans, dont on fait vn fi grand eftat en cefte caufe, militoit en celle-là: Neantmoins par arreft elle fut deboutée : & Maiftre Charles du Moulin en fon annotation fur cet article trentequatriefme recognoift cet arreft tres-iufte, puis que donné au cas d'vne renonciation faite auant la couftume reformee, nonobftant que par le texte d'icelle ny par le procez verbal il n'y ait vn feul mot qui marque ou denotte que cet article foit nouueau:

L'autre efpece eft en la couftume de Calais qui fut redigee par efcrit en l'an mil cinq cens quatre-vingts trois : En l'article cinquantiefme, le doüaire eft reputé propre aux enfans: Le fieur de Monts marié en foixante dixfept, auoit vendu la terre de Callimotte au fieur de Gourdan, duquel l'heritier eft conuenu en declaration d'hypotheque par le fieur de Berangeuille : il defguerpit: Alors la terre eft faifie, la Dame de Fontaine Martel fille du fieur de Monts, s'oppofe, & met en auant qu'elle doit auoir diftraction de la moitié de cefte terre, à caufe du doüaire. Procez fur ce que le fieur de Berangeuille fouftient que le doüaire n'eftoit point propre à Calais auant la couftume redigee : Au contraire la fille remonftre qu'à Calais on auoit depuis la reconquefte vfé de la couftume de Paris ; Cela tef-

moigné par lettres patentes du dixneufiefme
May foixante onze, mentionnees dans la commiffion de l'an mil cinq cens quatrevingts trois obte-
nuë pour la redaction : qu'à Paris le doüaire eftoit
propre : que ny le procez verbal ny le texte de cet
article cinquantiefme ne faifoient mention qu'il
fuft nouueau, & confequemment qu'il deuoit e-
ftre reputé ancien. Nonobftant toutes ces raifons,
la Cour par fon arreft du troifiefme Septembre mil
fix cens cinq a deboutté la fille de fon oppofition,
iugeant l'article nouueau, encores que ny le texte
ny le procez verbal ne fiffent aucune mention qu'il
le fuft :

Tellement que la Cour a decidé par cet arreft
qu'vn article de couftume ne laiffe pas d'eftre nouueau, encore que ny le texte d'iceluy ny le procez
verbal de la couftume ne facent aucune mention
de nouueauté.

A combien plus forte raifon au fait qui fe prefente, puis qu'on void que la Cour par fon arreft de
foixante dixfept a iugé que le droict de garde deuoit eftre preferé au droict de viduité en l'ancienne couftume de Normandie, ne peut-on douter
que l'article trois cens quatrevingt trois de la nouuelle couftume qui a eftabli vne maxime directement contraire à celle de l'arreft de la Cour, eft vn
article nouueau contenant vne toute nouuelle do-
ctrine, encores qu'ils fe foient bien gardez de le
marquer de l'eftoille & de la notte des articles
nouueaux, fçachans qu'ils n'auoient aucun pouuoir d'affoiblir, eneruer, ou du tout renuerfer les

droicts du Roy & de ſes grands vaſſaulx, ſous pretexte d'vne reformation de couſtume.

Ils euſſent eſté bien deſtituez de l'vne des principales vertus du pays de leur naiſſance s'ils euſſent
marqué cet article du coin de la nouueauté: Car
quelle raiſon, quelle couleur euſſent-ils peu apporter à leur entrepriſe, à leur vſurpation, à leur au-
dace, d'auoir oſé toucher aux ſacrez fleurons de la
couronne de leur Souuerain? Tout au contraire ils
n'ont trauaillé & ne trauaillent encores à preſent
à autre choſe d'auantage qu'à faire croire à ceux qui
ne prennent la peine d'aprofondir les ſecrets de
leur ancienne & nouuelle couſtume, qu'ils n'ont
fait qu'eſclaircir, ce qui eſtoit obſcur: Mais voicy
vne raiſon au contraire qui ne peut, ſous correction, receuoir difficulté quelconque: C'eſt qu'il
n'eſt pas poſſible que durant le cours de tant d'annees il ne ſe ſoit preſenté mille & mille cas ſemblables à celuy de ceſte cauſe: ſçauoir qu'vne vaſſa-
le eut vn pere en viduité & vn Seigneur de fief: s'il
auoit eſté iugé, ie dis à Roüen meſme auant la nouuelle couſtume; que le pere deuoit eſtre preferé au
Seigneur, qui doute qu'on nous en euſt communiqué cent arreſts: car Monſieur le Prince en a fait demander non ſeulement à tous les Aduocats de
Roüen, mais à tout le pays; où il n'y a perſonne
qui n'eſtime ſienne la cauſe de Monſieur le Prince,
qui ne l'aide, qui ne la fauoriſe de tout ſon pouuoir. S'il emportoit ce qu'il demande ce ſeroit vne
confirmation entiere de toutes leurs entrepriſes,
ils en feroiét imprimer l'arreſt en toutes leurs cou-

ftumes en lettres capitales : & neantmoins on ne nous a communiqué iufques à prefent vn feul ar-reft qui prefere le pere au Seigneur.

Les regiftres font en leur puiffance, & n'y a vn feul homme en toute la ville de Rouen, en tout le pays qui vouluft auoir penfé d'enfeigner vn arreft contraire, ny vn Clerc de Greffe qui vouluft l'ef-crire. Cefte caufe eft fçeuë à Rouen & en toute la Normandie tout ainfi que fi elle y auoit efté plai-dee. Le Syndic du pays eft derriere ce barreau & n'oferoit dénier qu'vne des charges qu'il a, eft de pouruoir à cet affaire en tout ce qu'il y pourra ap-porter, afin de maintenir, non point vne reforma-tion de couftume, mais vne pure vfurpation : Car Meffieurs pour parler franchement comme on doit en ce lieu où la verité regne, ou la liberté de la dire, de la publier, de la faire fonner haut prefide & tient le deffus, Qui peut dénier que ce n'eft point reformer vne couftume que d'y verfer & trauailler ainfi qu'on a fait en celle qui fe prefente: C'eft s'ad-uantager au preiudice de fon Souuerain, C'eft fe li-berer des droicts acquits auec tant de fang & de fueur, & qui auoit efté iufques en mil cinq cens quatrevingts cinq conferuez auec tant de pruden-ce & de iuftice, C'eft *fibi adfcribere*, C'eft iuger à fon aduantage & profit particulier, & en fomme cir-conuenir l'intention de fon Roy, de fon Maiftre & de fon Souuerain, affoibliffant grandement les droicts auguftes de fa couronne.

Voila doncques mon premier moyen contre cefte nouuelle couftume de Normandie, fur laquelle le conseil de Monsieur le Prince a establi en vain toute l'esperance de faire renuerser l'arrest de soixante dixsept, & d'en faire donner vn tout contraire :

Moyen qui ne consiste qu'en vn mot : Le fait qui se presente à decider est escheu long temps auparauant ceste reformation de coustume, & consequemment ne peut estre decidé par icelle *l. Leges 7. C. de legib. & constit.* & par la nouuelle *75. au §. obtinet* qui vse de ces mots, *Cur enim quod iam preterijt lex perstringat.*

LE SECOND *moyē contre l'allegatiō de cet article trois cens quatrevingts trois tant de fois leu, releu & inculqué, est le grand poinct de ceste cause, mille & mille fois plus important au Roy & au public que tout ce qui s'agist entre les parties, chose vile à comparaison de ceste grande & tres-pesante consideration qui va extrémement loin, & qui fait cognoistre auec combien de prudence nos Rois ont voulu que vous Messieurs eußiez tout ensemble le soin de la conseruation de leur sacré domaine, & la decision des differents de leurs subiets, d'autant que souuent dans la disquisition & le iugement des procez se recognoissent les entreprises que les peuples font naturellement enclins de faire sur les droicts de leur Souuerain.*

Quand Philippe appelle le bon Duc de Bourgoigne, suiuant ce qui luy estoit permis sa vie durant par l'heureux traicté d'Arras, accorda à ses subiets de mettre par escrit leurs coustumes : il choisit outre ceux du pays trois hommes à luy du tout confidents & asseurez qui y assisterent continuellement, & prenoient garde *ne quid municipes aduer-*

sus

sus imperij ducalis prærogatiuas molirentur, qui sont les propres mots de celuy qui a fait ceste obseruation.

C'estoit à ceux qui estoient proches de la personne du Roy Henry troisiesme quãd on demanda que la coustume de Normandie fut reformee, d'y apporter ceste mesme præcaution, *Principis scientia nõ potest cuncta complecti, nec vnius mens tantæ molis capax: grauissimi principis labores queîs orbem terrarum capessit egent adminiculis* : Si iamais on parla à sa Maiesté de cet affaire, ce fut comme d'vne chose indifferente.

Le soin des grands Monarques va aux alliances, « aux confederations, aux protections, aux gouuer- « nemens des Prouinces, aux grandes forteresses des « frontieres, à la paix, à la guerre, *hæ tibi erunt artes*: Il « n'aduient pas souuẽt qu'vne reformation de coustume soit vn coup d'Estat, cõme il s'est trouué au fait qui se presente : la negligence de ceux qui ne prirent iamais le foing ny le loisir de cõsiderer quel estoit cet ouurage, & de quelle importance a esté cause de tout le mal.

L'ancienne Coustume de Normandie, ainsi que son stil & plusieurs lieux & endroits d'icelle le monstrent, fut escrite peu apres le regne de sainct Loys, petit fils de nostre Auguste qui conquit sur les Anglois par la force de ses armes ceste belle & riche Prouince auec le Mayne, d'Anjou, la Touraine, le Poittou, & la Guyenne, c'est à dire le tiers du Royaume. Ces grandes & signalees conquestes iointes auec ceste superbe iournee de Bouines, en laquelle il vainquit en bataille rangee l'Empereur Otho

suiui de cent soixāte mil hommes d'Allemaigne, de Flan-
dres & d'Angleterre, luy acquirent le surnom d'Augu-
ste, qui luy est demeuré & demeurera à iamais:

En ceste ancienne Coustume de Normandie furent escrits la plus grande partie des droicts du-caux deuenus royaux par la valeur & la bonne fortune de ce grand Prince, afin qu'ils fussent cogneus à vn chacun, & qu'ils ne se peussent ignorer.

Tant que ceux de ceste Prouince recogneus par tout le monde pour des plus aduisez hommes de la terre, ont veu que les affaires publiques estoient en grande recommandation prés la personne de nos Rois, ils se sont bien gardez d'attaquer ceste forteresse soigneusement defenduë: mais quand ils ont apperçeu qu'elles estoient negligees, ainsi que l'histoire auec tant de regret le tesmoigne à nos nepueux, alors ils ont pris le temps & leur aduantage.

Et ayant fait nommer des Commissaires tels qu'ils les voulurent choisir tous du pays, tous interessez & engagez contre les droicts du Roy & de ses grands vassaux, ils y ont fait des playes infinies, incroyables, & lesquelles neātmoins dureront paraduenture à iamais, si sur l'occurrence de ceste cause il n'y est remedié, C'EST LE GRAND FRVICT QVI S'EN PEVT REMPORTER.

Ie n'en toucheray que peu d'articles, & ceux qui se peuuent dire en vn mot: d'autant que ma cause m'appelle ailleurs: Qui les voudroit tous representer il en faudroit faire vn plaidoyé expres: iamais chose ne le merita mieux: Mais en telle cau-

ſe le Syndic du pays de Normandie doit (ſous correction) eſtre intimé, & Monſieur l'Aduocat general du Roy paſſer le Barreau comme appelant de
tout ce qu'on a voulu faire à la ruine des droicts de
ſa majeſté, eſtant encores aſſiſté des Aduocats de
tous ceux des grands vaſſaulx qui ſentiront leur
mal & le preiudice incroyable qu'on leur a voulu
faire, Et n'y a que ce lieu icy au monde où telle affaire ſe puiſſe iuger : Car la regle de nature nous
defend d'opiner aux cauſes ou nous pouuons
tant ſoit peu eſtre intereſſez, voire quand ce ne
ſeroit que par identité de raiſon : Et conſequemment telle queſtion ne peut eſtre iugee en Normandie où ils ſont tous grandement intereſſez,
ainſi qu'il ſera iuſtifié.

Pour le preſent ie m'arreſteray ſeulement à monſtrer quelques eſchantillons du deſſein de ceux qui
ont aſſiſté à ceſte reformation, afin qu'on ne trouue nullement eſtrange l'article trois cens quatrevingts trois.

Primo, L'ancienne couſtume de Normandie ne
parloit point de franc aleu, il falloit tenir de quelqu'vn : Au lieu de cela, ils l'ont voulu eſtablir par articles expres de leur couſtume, qui ſont les quatrevingts & dixneuf & cent deux. Les terres de franc
aleu ſont celles qui ne recognoiſſent Superieur en
feaudalité ou cenſiue, & ne ſont ſubiettes à faire ou
payer aucuns droicts ſeigneuriaux : C'eſt maintenant aux Seigneurs en Normandie de chercher &
trouuer leurs tiltres : Si leurs Receueurs, Procureurs,
entremetteurs les ont interuertis à leur profit ou

de leurs parens ou par corruption : voila des francs
aleus qui auec le temps croiſtront à l'immenſité
par les minoritez, peſtes, guerres, & autres acci-
dents : Cela à la ruine des grands vaſſaulx, mais ſur
tout des droicts de ſa majeſté.

De franc aleu, en toute l'ancienne couſtume de
Normandie nulle mention, & ne faut point penſer couurir ceſte entrepriſe ſous le mot de Bourgage, car c'eſt tout autre choſe: Le Bourgage n'eſt nullement franc: & de fait en l'article ſuiuãt cent troiſieſme de ceſte nouuelle couſtume ils ont eſté con-
traints de le recognoiſtre, car voicy ce qu'il porte:
En Normandie il y a quatre ſortes de teneure par hom-
mage, par parage, par aumoſne, & par Bourgage: & le
commentaire imprimé en l'an mil cinq cens quatrevingts & dixneuf ſur l'article cent trẽte-huictié-
me, dit que le Bourgage ſe perd par felonnie enuers
le Seigneur, ce qui n'eſt pas en franc aleu: car en celuy cy on n'a point de Seigneur qui le puiſſe demã-
der : dit auſſi que ſouuent par les tiltres ou preſcri-
ptions le Bourgage eſt ſubiet aux treiziémes reliefs
& autres droicts : Tout cela ne peut eſtre en franc
aleu : Bref le Bourgage & le franc aleu ſont infiniement differents : Or de franc aleu il n'y a vn ſeul
mot en l'ancienne couſtume, voila doncques vne
vſurpation toute manifeſte ſur les droicts de ſa
majeſté & de ſes grands vaſſaulx, d'auoir introduit
vn franc aleu en Normandie, auquel l'ancienne
couſtume ne penſa iamais.

Secundo, Vous auez continuellement iugé ſuiuant les anciennes ordonnances, le grand Couſtu-

mier de France au tiltre des droicts appartenans au ROY, article dernier, depuis confirmez par ce cele-bre arreſt du ſecond Aouſt mil cinq cens quatre-vingts ſix, donné contre le commandeur de ſaint Marc d'Orleans, apres auoir pris l'aduis de toutes les chambres:que la ſucceſſion des baſtards appar-tient au ROY, ſi ce n'eſt pour les biens ſcituez en la haute iuſtice d'vn autre Seigneur en laquelle le baſtard eſt né domicilié, & decedé.

Que font Meſſieurs de Normandie ? Premiere-ment ceſte diſtinction qui requeroit la concur-rence de ces trois cas pour oſter au ROY la ſucceſ-ſion des baſtards eſt par eux du tout abolie : En ſe-cond lieu ils ne ſe contentent pas d'oſter au ROY la ſucceſſion des baſtards au profit des hauts iuſti-ciers, mais ils l'oſtent au ROY & aux autres hauts iuſticiers au profit du moindre Seigneur de fief,

Eſtant à remarquer que de cent il n'y en auoit pas deux, entre ceux qui aſſiſterent à ceſte refor-mation, qui euſſent haute iuſtice : Car les Ducs de Normandie auſſi aduiſez que leurs ſubiets ont communiqué fort rarement ce haut poinct d'hon-neur, Et c'eſt pourquoy les Commiſſaires n'ont quaſi rien dóné à la haute iuſtice par ceſte nouuel-le couſtume,& ont tout conferé au fief,parce qu'ils en auoient quaſi tous, *bonum publicum (vti in pleriſ-que negotijs fit) priuata gracia deuictum eſt.*

Tertio, Par l'ordonnance du ROY ſaint Loys & l'ancien arreſt du Parlement, de l'an mil deux cens cinquante neuf, le treſor d'or appartient au ROY ſeul: la couſtume de Normandie auoit paſſé outre,

Treſor.

car elle auoit donné au Duc de Normandie toutes
fortes de trefors indiftinctement au chap. dixhuictiefme : fur lequel *Terrien* au feuillet centiefme fur
la fin dit ces mots: *En fa terre, c'eft a dire en fõ Duché,*
& non pas feulemẽt en la terre de fõ Domaine: Par cefte
nouuelle couftume ilsont reduit le Roy au nombre
des particuliers: car ils ne luy donnent le trefor que
dans fes terres domainales: Que s'ils ne l'euffent có-
muniqué qu'aux hauts iufticiers le Roy y euft efté
peu intereffé, mais ils l'ont adiugé à tout Seigneur
de fief, fans auoir aucun efgard à la haute iuftice,
ruinant les droicts du Roy & des hauts iufticiers
tout enfemble.

Confi-
fcation.

 Quarto, La Normandie eft pays de confifcation,
cóme Paris & les trois quarts du pays couftumier:
Ils n'ont pas ofé arracher ce droict ouuertement:
Mais en effect ils l'ont rendu comme inutil par vne
toute nouuelle couftume, & qu'ils fe fant bien gar
dez neantmoins d'appeler nouuelle: C'eft en l'article trois cens quarante-cinq, où ils difent que la
part de l'aifné qui confifque auant le partage ne
fera qu'vne part efgalle aux puifnez : Or de partage ou il n'y en aura point ou il ne s'en trouuerra
aucun: Celuy qui voudra prefter fon argent fçaura
bien fe faifir du partage, mais quand vne confifcation furuiendra inopinément, qui aura-il plus aifé
que d'ofter vn partage, Les plus fages & prudens
ne les paffent que fous leur feing recogneus : vn
Notaire de village en fera-il difficulté contre vne
confifcation? les freres le reprefenteront-ils contre
eux-mefmes ou contre vn nepueu duquel ils fe-

ont heritiers preſumptifs ? Bref c’eſt vne cautelle
ſuperlatiue, par le moyen de laquelle ils eludent
ſn droiçt en certaines rencontres peu fauorable,
mais ordinairement treſ-neceſſaire pour empeſ-
ſher mille barbaries & aſſaſſinats proiettez dans
ſes eſprits malheureux & abominables, qui ſeront
ſuſtoſt retenus par l’apprehenſion de la perte de
ſur bien & pauureté de leurs enfans, que de la
crainté de Dieu ou de la mort qu’ils eſperent eui-
ſer par vne fuitte.

Gecy eſt du tout eſloigné d’vne eſpece iugee,
ſe Roy Charles ſeant au Parlement de Rouen, où
ſe frere aiſné ayant confiſqué, on donna à chacune
de ſes quatre ſœurs ſon quart ſeulement en vn tiers
les terres de la maiſon au lieu d’argent : mais par
ceſte couſtume nouuelle on veut eſteindre tout
droiçt d’aiſneſſe, au preiudice du Roy, & de ſes
grands vaſſaux. Ce qui ſeruira pour recognoiſtre
combien il eſt dangereux, de faire tant ſoit peu de
breſche, à la digue, qui retient en deuoir, & dans
ſes bornes ceſte grande mer d’vn peuple ſubject à
ſon Roy.

Quintò, par les articles cent cinquãte deux & ſui-
uãs, ils ont ruiné de fonds en comble les reliefs
qu’ils ont aboné à cinq eſcus pour les fiefs de haubert qui valent quelquefois cinq mille liures, & à
cent liures pour les baronyes, qui en valent ſouuét
plus de dix mille. Que pouuoient ils entreprendre
de plus hardi ?

Sextò, En ce qui concerne le droiçt de viduité,
duquel il s’agiſt en ceſte cauſe, d’autant qu’il n’y

auoit aucun d'eux à qui il ne fuſt deſia, ou pour
eſtre vtile: Ils s'y ſont portez auec vne paſſion ſi extreme, qu'il ne ſe peut rien imaginer d'auantage
Car en l'article trois cens quatre-vingts deux, ils
ont donné le tiers de ce droiᛙ, à ceux qui ſe rema-
rieroient: C'eſt bien violenter la loy, violenter ſes
paroles & ſon ſens, que de donner partie du droiᛙ
de viduité à celuy qui n'eſt plus veuf: Et en l'article
ſuiuant trois cens quatre-vingts trois, ils ont fait
deux choſes, dont on ne ſçauroit dire laquelle eſt
la plus manifeſtement iniuſte, l'vne qu'ils font durer le droiᛙ de viduité, nonobſtant la reuerſion
au Roy, ou au Seigneur par ligne eſteinte, choſe
infiniment eſtrange.

Le Roy donne à vn Gentilhomme terre noble à
luy & à ſa poſterité, laquelle defaillant, la dite terre
reuiendra.

Ce Gentilhomme laiſſe vne fille, laquelle ſe
marie, & n'a qu'vn fils; le premier donataire decede, puis ſa fille & ſon petit enfant; il n'y a point de
doute que le Roy doit rentrer dans ſa terre, puis
qu'il n'y a plus perſonne de la poſterité de celuy à
qui il l'a donné à ceſte charge expreſſe.

Que fait ceſte nouuelle couſtume de Normandie? Elle introduit que le pere de cet enfant, qui
n'eſt nullement de la poſterité du donataire, arreſtera la reuerſion au Roy, l'arreſtera di-je, vingt, trente ans, en fin tant qu'il viura: Cela manifeſtement
contre la diſpoſition de droiᛙ en la loy *Lex vecti-*
gali, D. *de pignorib.* & pluſieurs ſemblables, & contre le chapitre, *Nuper, de donat. inter virum & vxo-*
rem,

rem, qui y eſt expres: Car retenant la meſme eſpece de donation a pareille charge, Il propoſe que le fils vnique reſtant de la poſterité a donné la terre en doüaire à ſa femme, & demande ſi ce mary venant à deceder ſans enfans, la femme iouyra de l'herita-ge pour ſon droiɛt de doüaire & de viduité : & il reſpond, que non; d'autant que la conſideration de la femme, ne peut eſtendre la iouyſſance contre la conceſſion, outre la vie du dernier de la poſterité: Mais ces Meſſieurs n'ont eu eſgard, ny à loix, ny à chapitres, puis qu'il eſtoit queſtion de fauoriſer ce droiɛt de viduité, qui les pouuoit tous concerner, & leurs enfans auſſi.

L'autre choſe introduite de nouueau par cet ar-ticle trois cens quatrevingts trois eſt , ce dont ſe ſert principalement en ceſte cauſe Monſieur le Prince; ſçauoir vne preference du droiɛt de vidui-té au droiɛt de garde, directement contre la deci-ſion de l'arreſt de la Cour de ſoixante dixſept: mais ceux qui aſſiſterent à ceſte reformation ne ſe ſou-cioient en rien de vos interpretations, ny de vos arreſts; & n'auoient autre choſe deuant les yeux que le deſir de rendre en tout ce qu'ils pourroient leur condition plus aduantageuſe : ce qu'ils fai-ſoient grandement en diminuant les gardes du Roy, & de ſes grands vaſſaulx: Car ils auoient quaſi tous des fiefs ſubiets à garde: Qui en euſſét deſſous eux il n'y en auoit pas de cent l'vn. Eſtans donc-ques intereſſez à affoiblir le plus qu'ils pourroient le droiɛt des gardes royales & ſeigneuriales, & à faire valloir, eſtendre & fortifier le droiɛt de vidui-

té, ils viennent, & directement contre voftre arreft
de foixante dixfept ordonnent que le droict de viduité fera preferé au droict de garde, ainfi qu'au
mefme article ils l'auoient preferé au droict de ro-
uerfion, à caufe dé ligne efteinte.

Meffieurs les gens du Roy ont plufieurs fois appelé de certains articles de couftume auec heureux
fuccez : Cela fut fait par Monfieur de Marillac en
l'an mil cinq cens quarante-quatre : Cela fut ainfi
practiqué en la caufe contre les Celeftins en l'an
mil cinq cens cinquante-deux : par Monfieur du
Mefnil en foixante-fix en vne caufe de la Rochel-
le, & infinies autresfois par eux & par autres.

Ne retrã-
cher la
matiere
de la ma-
gnificéce
Royale.

La couleur de ceux de Normandie a efté, qu'auffi
bien nos Rois donnent ordinairement les droicts
de garde : Comme fi la grande grandeur des Monarques ne confiftoit pas principalement en l'exercice de cefte tres-noble vertu, *Hodie non imperaui,*
difoit Tite, *quia nemini bene feci. Sicut ille qui cuncta
ambit oceanus, quas fuggerit aquas terris recipit è terris:
Ita quidquid in ciues manat à principe redundat in principem, & rei & famæ confulit munificus Imperator.*

*La plus grande partie des plus beaux, plus excellents,
plus anciens & plus auguftes droicts de la Couronne ne
font employez à autre effect, & ne peuuent eftre mieux
colloquez qu'en ce riche trefor des bien-faicts, haut eflené
par deffus la terre, & confacre à l'immortalité.*

*Encores eft-il douteux, laquelle des deux vertus, de la
liberalité d'Alexandre & de Iules, ou de leur valeur,
leur ont le plus acquis de gloire & de renommee parmy les
hommes.*

Il se faut bien garder, & plus en ceste saison qu'en toute autre, de permettre que la matiere des bien-faicts & de
la magnificence Royale, soit en rien retranchee à nostre
IEVNE ALEXANDRE par l'affoiblissement de
ses droicts domainaux, en quelque Prouince qu'ils luy ap-
partiennent : Car nous auons toutes les occasions du monde d'esperer qu'embrassant viuement, comme il commence
à faire, les vertus paternelles & maternelles, il surpassera
en toutes sortes de perfections ces deux grands Heros de
l'antiquité, la naissance desquels n'approchoit en rien de
la grandeur du nostre : & son institution ne cedera point à
la leur, par le soin, & la vigilance de ceste admirable Princesse, LA ROYNE REGENTE, à laquelle apres
Dieu, nous deuons ceste haute paix & ceste grande tran-
quilité qui reluit en tous les endroits de ce puissant Empire : Lequel, bien qu'orphelin de so̅ GRAND HENRY,
neantmoins sous les heureux auspices de son fils, fait encores trembler ses plus dangereux ennemis, ausquels, & lors
mesmes que

    --- Attonitum tanto subitæ terrore ruinæ
    Humanum genus est, totusq; perhorruit orbis,

Il a arraché la proye qu'ils auoient enuahie dans les
Estats de ses alliez.

Ainsi soyez-vous tousiours, Noblesse Françoise, la
terreur des ennemis de ceste florissante Couronne : Ainsi
soyez-vous tousiours l'esperance, l'aide & le reconfort de
tous les alliez, & de tous ceux qui sont en la protection des
fleurs de lys :

Ainsi ce fils aisné de saint Loys, ce ieune Prince né à
l'Empire du monde,

Nomine auum referens, animis, virtute parentem,

soit bien toſt éſleué par la faueur Diuine, voſtre valeur,
& le trenchãt de voſtre eſpee, ſur le char victorieux & tri-
umphal qui eſtoit deſia tout preparé à ſõ pere magnanime.

Ainſi ce ieune Alexandre, ſeul heritier du grand Hen-
ry voſtre grand Roy, & tout enſemble voſtre grand Ca-
pitaine; ſoit à iamais le ſeul fare de toutes vos actions &
de tous vos trauaux: n'ayans autre deſir en voſtre ame que
de pouſſer iuſques dans le Ciel, ſa gloire & ſa renommee,
& d'eſgaler vn iour ſon Empire à la terre.

Meſſieurs auparauant la couſtume de Normandie reformee, quand les Seigneurs qui tiennent les
grands fiefs releuans nuëment du Roy perdoient
leurs femmes heritieres de maiſons, laiſſans de
ſucceſſeurs ſoubs-aages, ils venoient en diligence
demander le droict de garde à ſa majeſté, qui le
leur accordoit ordinairement ſelon leurs merites,
ſelon leurs ſeruices.

Combien cela eſtoit-il plus vtile, combien plus
honorable à l'eſtat, que non pas qu'ils le tiennent à
preſent d'vne entrepriſe hardie, d'vne pure vſurpation ſur les droicts du Roy, laquelle en vn mot, ie
ſouſtiens n'auoir peu eſtre faite ſous pretexte d'vne
reformation de couſtume.

L'ancienne couſtume de Normandie n'eſt pas
vne ſimple couſtume: Les vrayes vſages, les vrayes
couſtumes de France n'ont commencé à eſtre re-
digees par eſcrit que ſous Charles ſeptieſme: Celle
" cy precede de plus de deux cens ans: Auſſi eſt-ce
" vrayement la loy de la conqueſte contenant les
" anciens droicts des Ducs de Normandie & de
" leurs grands Barons, de leurs grands vaſſaulx, qui

« au prix de leur ſang & au peril de leurs vies, ai,
« derent à chaſſer les Anglois hors du continent
« & à les renger dans leur Iſle:

Loy qui a eſté omologuee en ceſte Cour, & en
la chambre des Comptes de Paris, ainſi que le procez verbal de ceſte nouuelle couſtume au fueillet
deux cens douze le teſmoigne: Et partant Monſieur de Guyſe Comte d'EU, Seigneur de ceſte ſi
« ancienne Pairrie de France, ſouſtient pour ſon
« intereſt, qu'on n'y a peu toucher, ſans l'autho-
« rité du Parlement de Paris, du Parlement de
« France conſeruateur des droicts auguſtes du ſa-
« cré domaine de la Couróne, & qui ſeul repreſen-
« te les trois Eſtats du Royaume aſſemblez : &
« que tout ce qui y a eſté fait ſans ceſte authorité
« eſt nul de toute nullité: qu'on n'y peut auoir au-
« cun eſgard, principalement ceans.

Tacite au quatorzieſme des Annales diſoit, *omnibus negotijs, & melius, & rectius olim prouiſum, &
quæ conuertuntur in deterius mutantur:* & Titeliue, *Ex
his legibus quæ non in tempus, ſed perpetuæ vtilitatis cauſa in æternum latæ ſunt, nullam abrogari debere fateor:*
eſperant que Meſſieurs les gens du Roy ne nous
abandóneront point en vne cauſe, où ſa majeſté a
cent fois plus d'intereſt que nous, non ſeulement
aux autres poincts reſpandus par toute ceſte couſtume; mais particulierement en ce qui eſt des gardes: Car de penſer faire difference entre la garde
royale & la ſeigneuriale, en ce qui concerne le
droict de viduité, cela neſe peut ſous correction

auec apparence de verité, ainſi qu'il ſera tantoſt repreſenté.

 LA TROISIESME reſponſe à cet article trois
cens quatrevingts trois de ceſte couſtume nouuelle, eſt priſe d'vn arreſt du Conſeil du ROY du ſeptieſme Octobre mil cinq cens quatrevingts cinq imprimé au fueillet deux cens quarante-neuf de ceſte
nouuelle couſtume commentee, qui porte que
certains articles, & entr'autres, le trois cens quatrevingts troiſiefme, (duquel l'Aduocat de Monſieur le Prince fait auiourd'huy toute ſa fortereſſe)
ne pourront nuire ny preiudicier aux droicts de
ſa Maieſté.

On dit premierement contre cet arreſt, que l'article trois cens quatrevingts trois n'a auſſi rien introduit de noũueau côtre les droicts du ROY. Mais
ſi ainſi eſt, il faut doncques defendre ceſte cauſe
par l'ancienne couſtume, & nõ par cet article trois
cens quatrevingts trois de la nouuelle, ce qu'on ſe
gardera bien de faire : Car quant à tout ce qu'il a
voulu alleguer de la vieille couſtume, il n'y a rien
plus aiſé à deſtruire, ainſi qu'il ſera tantoſt monſtré: Auſſi és termes de la couſtume ancienne a eſté
donné l'arreſt de ſoixante dixſept qui ne reçoit
point de reſponſe, & qui prefere diſertement & expreſſément le droict de garde au droict de viduité:

En ſecond lieu on dit que cet arreſt de quatrevingts cinq ſert pour le ROY, mais non pas pour
Monſieur de Guyſe, à quoy il y a double reſponſe.

La premiere que les droicts du ROY & ceux de

ma partie font fi infeparablement attachez enfemble au poinct de cefte caufe, qu'il eft impoffible de
toute impoffibilité de preiudicier à l'vn fans preiudicier à l'autre.

Deuant toutes chofes il faut remarquer que par
l'ancienne & la nouuelle couftume de Normandie, quand le Roy ioüit du fief ouuert, il n'en ioüit
qu'en la façon que fon vaffal en vferoit, ainfi qu'il
fera monftré maintenant.

Il faut remarquer auffi, que les ouuertures de
fief ne font pas momentanees en Normandie
comme elles font en ces quartiers de deçà ordinairement : mais durent quinze, vingt, vingt & vn
an.

Cela prefuppofé comment eft-il poffible de fe
pouuoir imaginer, que contre l'ancienne couftume interpretée par voftre arreft de foixante dix fept
on face exclurre le Comte d'Eu, & tous les autres
grands vaffaulx de Normandie de leur droict de
garde feigneuriale, par le droict de viduité des peres de leurs vaffaulx foubs-aages, fans nuire, fans
preiudicier aux droicts du ROY, puis que fes vaffaulx ne peuuent eftre exclus, que fa majefté ne le
foit auffi toutes les fois qu'il ioüira de leurs fiefs ou-
uerts; ainfi que le monftre l'ancienne couftume au
chapitre des gardes d'orphelins, qui eft le trentetroifiefme en l'article huictiefme, qui commence
par ces mots, *Les autres Seigneurs* : & la nouuelle en
l'article deux cens vingt deux qui dit: *Et ou ledit mineur feroit à la garde du Roy, il a pareil droict à l'arriere-
garde que les autres Seigneurs,* ET NON PLVS.

La seconde response sera, qu'il est impossible (les
Iurisconsultes appellent impossible ce qui est iniu-
ste & desraisonnable) Il est impossible, di-je, de s'i-
maginer que nos Rois remplis de iustice & d'equi-
té ayent voulu seulement penser à faire vne chose si inique , que de conseruer leur ancienne garde toute entiere , nonobstant la viduité des peres de leurs vassaulx : & que leurs grands vassaulx
perdissent leur droict de garde par le moyen de la
viduité des peres des arriere-vassaulx : Vn ancié dit
fort elegáment, *Omniū mortalium iniquissimi Roma-
ni, si aliud iuris Anthioco statuerent, alio ipsi vterentur.*
Quelle apparence que la garde demeurast en son
entier passiuement contre nous , & que nous la
perdissions en ce qu'elle est actiue à nostre profit,
toutes les fois que le pere ne se remarieroit point,
veu mesme que (comme l'arrest de la Cour de soixante dixsept le porte) ce droict se baille au Roy
par adueu, & consequemment il en est le garand, le
protecteur, le conseruateur:

Dont il s'ensuit que quand l'arrest d'Octobre
quatrevingts cinq a conserué les droicts du Roy, il
a par mesme moyen conserué les nostres : parce
qu'il n'eust esté ny honneste ny vtile de le faire autrement : honneste n'eut-il pas esté, que sa majesté
eust retenu son ancien droict sans tare contre nous,
& qu'il eust laissé affoiblir le nostre contre les arriere-vassaulx: vtile n'eut-il pas esté aussi, d'autant que
quand sa majesté eust iouy de nostre fief aux longues ouuertures qui s'en peuuent presenter, il eut
trouué nostre droict de garde du tout affoibly, &

n'en

en pouuoit vſer autrement, puis qu'il eſtoit en
noſtre place, ainſi qu'il a eſté remarqué par le texte
de l'ancienne & de la nouuelle couſtume.

Et dautant Meſſieurs que ceſte raiſon preſſe extrémement, on voudroit volontiers faire croire
qu'au poinct de ceſte cauſe il y a difference entre la
garde royale & la ſeigneuriale : Mais ſous correction de la Cour, cela n'eſt point, Non cela n'eſt
point.

Les 3. dif-
ferences
entre la
gardeRo-
yale, & la
Seigneu-
riale.

J'ay leu ſoigneuſement la couſtume : elle fait
trois differences entre la garde royale & la ſeigneuriale :

La premiere eſt, que la garde royale dure iuſques à vingt & vn an ; La ſeigneuriale iuſques à
vingt ſeulement :

La ſeconde, que la garde royale comprend tant
les fiefs partables que les non partables ; La ſeigneuriale ne s'eſtend que ſur les fiefs non partables :

La troiſieſme, que la garde royale attire tout, ſi
le vaſſal a quelque fief releuant du Roy à cauſe de
ſon Duché de Normandie : & la garde ſeigneuriale
ne s'eſtend outre ſa mouuance :

Voila toutes les differences ; & n'y a perſonne,
ſous correction, qui en puiſſe donner vne qua-
rieſme.

En tout cela il n'y a vn ſeul mot qui parle du
droict de viduité, ny qui en approche :

Dont il s'enſuit neceſſairement, que ſi le droict
de viduité exclut le Seigneur de fief, il exclut auſſi
le Roy : & ne faut nullement douter que ceux du

F

pays l'entendent fort bien ainſi, & que par les articles trois cens quatrevingts trois ils ont voulu auſſi bien exclurre le Roy durant leur viduité que les
Seigneurs:

Tellement que ce ſeroit *ſibi blandiri*, de penſer
que ceſte cauſe ſe peut iuger contre ma partie, ſans
qu'elle ſe iugeaſt auſſi contre le Roy,

> *Qui me cumque manent iſto certamine caſus*
> *Et te Turne manent.*

De proteſter doncques que l'arreſt qui interuiendra contre nous, ne nuira point au ROY, c'eſt
faire vne proteſtation, ſous correction, contraire à
l'acte, & partant vaine & inutile : C'eſt proteſter
que la Cour puiſſe donner des arreſts directement
contraires l'vn à l'autre. Elle a iugé en ſoixante dixſept expreſſément, que le droict de garde ſera preferé au droict de viduité en conſeruant ſa Majeſté
& ſes grands vaſſaulx en leur droict ; & on demande maintenant qu'elle iuge que le droict de viduité
ſoit preferé au droict de garde : Mais neantmoins
qu'elle le iuge tellemét contre les grands vaſſaulx,
qu'elle puiſſe iuger le contraire au profit du ROY:
Cela ne ſe peut ſous correction ; & faut neceſſaire-
» ment, que ſi Monſieur de Guyſe perd ceſte cauſe en
» caſſant l'arreſt de ſoixante dixſept, contre lequel
» neantmoins on ne s'eſt iamais oſé pouruoir ny par
» requeſte ciuile, ny par caſſation, comme n'y ayant
» aucune ouuerture ny fondement; il faut, di-je, de ce
» iour deſtruire les gardes royales de Normandie en
» la plus grande partie des cas, c'eſt à dire toutes les
» fois que les peres demeureront en viduité.

Le Comte d'Eu ne peut eſtre exclus de la garde
par droiƈt de viduité, que ſa majeſté Duc de Normandie n'en ſoit auſſi exclus par le meſme droiƈt;
puis que la couſtume en ce poinƈt de la viduité, ne
fait difference quelconque entre l'vne & l'autre
garde:

De ſorte que ma troiſieſme reſponſe contre
l'article trois cens quatrevingts trois de la nouuelle couſtume, tiree de l'arreſt d'Octobre quatrevingts & cinq, demeure tout entier.

La quatrieſme reſponſe à cet article trois cens
quatrevingts trois, & qui met ceſte cauſe hors de
toute diſpute, eſt que tout le fondement de Monſieur le Prince giſt au pretendu droiƈt de viduité de
feu Monſieur le Prince ſon pere.

Or par la couſtume particuliere d'Eu, il n'y a ^{Couſtu-}
point du tout de droiƈt de viduité; & les Baronies ^{me locale}
dont eſt queſtion, ſont toutes dans le Comté ^{d'Eu.}
d'Eu, & dans ſa couſtume locale; & conſequém-
ment il n'y a apparence quelconque en la requeſte
de laquelle on demande l'enterinement.

Il ne reſte qu'à prouuer deux choſes; l'vne qu'il y
a vne couſtume particuliere à EV; l'autre que par
ceſte couſtume locale d'EV, il n'y a point de droiƈt
de viduité.

Quant au premier, il faut remarquer qu'en quaſi tous les Bailliages de Normandie, il y a couſtume locale, non pas ſeulement aux articles de peu
de conſequence, mais aux principaux : cela ſe voit
depuis le fueillet cent quatrevingts quatre, iuſques

au fueillet cent quatrevingts seize de la nouuelle coustume commentée.

Pour le regard d'EU, la coustume particuliere se prouue par les lettres patentes du ROY François premier, de l'óziesme Octobre mil cinq cens vingt & vn, verifiees ceans le sixiesme Feurier ensuiuant, qui font mention de la coustume du pays d'EU, conforme au poinct de la garde à la coustume generale du Duché de Normandie : Mais quant au droict de viduité de pere, il n'en est fait mention quelconque en ces lettres, comme aussi n'en estoit-il point du tout question; d'autant que le pere estoit decedé : de sorte qu'on ne peut pas tirer de ces lettres que la coustume locale fut conforme à la generale, sinon au poinct dont il est traicté en icelles: Aussi n'y a-il aucune apparence qu'vne coustume locale soit *per omnia*, *& in omnibus* conforme à la generale : Car en ce cas il n'y auroit plus de coustume locale si elle n'estoit en certains articles different de la generale : Tant y a, que de ceste piece verifiee ceans, il s'ensuit qu'il y a vne coustume particuliere à EU.

Les autres preuues de la coustume locale d'EU, sont les plus certaines qu'on puisse apporter; sçauoir quatre arrests de ceans, des quinziesme Auril soixante & dix, treiziesme Mars mil cinq cens soixante & onze, dixneufiesme Septembre quatrevingts sept, & premier Iuillet mil six cens six; par lesquels la Cour a ordonné qu'il seroit informé de certains articles de ladite coustume locale d'EU: Ces arrests donnez entre personnes demeurans au

Comté d'EU, & pour biens ſcituez au meſme Comté ; & cela tant auant la couſtume de Normandie
reformee, que depuis, & meſmes le premier Iuillet
mil ſix cens ſix, au rapport de Monſieur Preuoſt en
la cauſe d'entre Marie Mithon veſue de Iean du
Freſne demeurant à EU, & appelant d'vne ſentence
donnee par le Bailly d'EU ; & Maiſtre François le
Duc auſſi demeurant à Eu.

L'Aduocat de Monſieur le Prince preuoyant
l'argument de ceſte couſtume locale, dont il a veu
les pieces dans mon ſac, a eu recours à vne ſentence
donnee le dixieſme Septembre mil cinq cens quatrevingts ſix par certains Commiſſaires employez
à ceſte reformation de la couſtume de Normádie,
par laquelle ſur vn premier defaut ils ont fait defenſes à ceux du Comté d'EU, d'alleguer autre couſtume que la generale de Normandie.

Iamais ceſte ſentence ne nous a eſté ſignifiee : & sentence
ſi elle l'eut eſté deſlors nous en euſſions appelé, du 10. Se-
comme de fait nous en appelons. ptembre
86. dont appel.

ET pour nos moyens nous liſons les arreſts de la
Cour que i'ay repreſentez, qui ont ordonné, Qu'il
ſeroit informé de la couſtume d'EU, tant auparauant ceſte belle ſentence que depuis :

Mais il eſt bon de repreſenter comment elle a
eſté donnee.

Meſſieurs plus de quarante ans auant qu'il y eut
Parlement en Normandie, qui n'eſt que de l'an mil
quatre cens quatrevingts dixneuf, par la faueur du
Cardinal d'Amboyſe Archeueſque de ROUEN, le
Comté d'EU eſtoit Pairrie de France, & qui par-

tant n'a peu, ny deu recognoistre autre iustice que celle de ceans.

C'est ce qui fut remonstré par le Procureur de feu Monsieur de Guyse, lors que ceux de Rouen voulurent mettre par escrit la coustume locale d'Eu recognoissans par consequence necessaire qu'il y auoit vne coustume particuliere à Eu: C'est, di-je, ce qui leur fut remonstré, & que ceux du Comté d'Eu, ne pouuoient en chose quelconque, ny pour quelque pretexte que ce fust, proceder par deuant eux, ne recognoissans autres iuges superieurs que Messieurs du Parlement de Paris. Sur quoy depuis & apres qu'en l'absence de ce Procureur, le sieur Aduocat du Roy au Parlement de Rouen se fust preparé, depuis le mois d'Auril iusques en Septembre, & fait vn long plaidoyé, combatant contre son ombre, les Commissaires donnent defaut, & par vertu d'iceluy declarent qu'ils priuent toutes sortes de personnes de plus alleguer la coustume particuliere du Comté d'Eu:

L'appel. De laquelle priuation portee par ceste sentence si estrange, si inique, si extraordinaire, nous auons appelé & appelons, & demandons qu'il soit dit, qu'il a esté mal, nullement, & incompetamment iugé; & qu'en emendant nous viurons selon nos coustumes, esquelles nous auons esté maintenus par infinis arrests de ceste Cour, que l'Aduocat de Monsieur le Prince veut faire lucter auec ceste sentence du dixiesme Septembre quatrevingts six; qui est faire rencontrer le fer auec l'argille.

Car de dire que le Comté d'Eu est dans les limites de la Normandie, bornee par la riuiere de Sar-te,& qu'en certaines choſes ils vſent de la couſtu-me generale de Normandie, cela ne concluoit rien pour donner pouuoir à ces Commiſſaires; d'au-tant que le priuilege de la Pairrie paſſe par deſſus toutes ces conſiderations : Ce qui a eſté expreſſé-ment decidé par les deux Chartres du Roy Henry ſecód, des mois de Mars, & d'Auril cinquante & vn auant Paſques, verifiees ceans les trentieſme Mars, & troiſieſme May enſuiuant ; par leſquelles le Roy veut que le ſieur Comte d'Eu, qui eſtoit feu Mon-ſieur de Neuers pere de Madame la Ducheſſe de Guyſe, ioüiſſe pleinement & paiſiblement de l'ef-fect de ſa Pairrie d'Eu : & en ce faiſant que luy, ſes vaſſaulx & ſubiets dudit Comté, reſſortiſſent en toutes cauſes & affaires en la Cour des Pairs, au Parlement de Paris comme à la Cour naturelle des Pairs de France ; interdiſant au Parlement de Rouen, & à tous autres iuges, toute Cour, Iuriſdi-ction & cognoiſſance de ce qui concerne ledit Comte d'Eu ; & impoſant ſilence à ſon Procureur au Parlement de Rouen, preſent & à venir: Eſtant à remarquer que la verification porte ces mots, *Au-dito & id requirente procuratore generali Regis*, & que ces chartres & verifications ont eſté pluſieurs fois ſignifiees au ſieur Procureur du Roy au Parlement de Roué: Ce qui reſpond à tout le long diſcours du ſieur Aduocat du Roy en ce meſme lieu, qui vouloit ſouſtenir que le Comté d'Eu eſtoit Pairrie maſcu-line, & partant eſteinte pluſieurs fois : & ſon ere-ction monſtre le contraire, & qu'elle ſubſiſte en ſa

pleine force & vigueur. Il eſt contraint de confeſ-
ſer que les Pairries peuuent eſtre feminines, comme il n'y a nulle difficulté, que ſi la condition de
maſculinité n'y eſt appoſee, *nullo diſcrimine ſexus* elles ſubſiſtent touſiours. La function d'aſſiſtance
aux iugemens n'eſt pas ſans exemple: Il eſt forcé de
recognoiſtre, ceux des Comteſſes de **Flandres**, &
d'Artois; mais la continuation de la dignité de ſa
Pairrie, n'a poinct de doute ny de difficulté: Et d'alleguer qu'il y a quelques nouuelles Pairries qui
n'ont point apporté la diſtraction de reſſort, c'eſt
vne tres-mauuaiſe concluſion : car ce ſont loix,
conditions, & modifications, que le Souuerain
pour diuers reſpects peut donner par ſa toute puiſſance, & qui ne preiudicient en rien aux droicts
des anciennes & principales Pairries, comme celle
du Comté d'EU, qui ſe trouue au iourd'huy la plus
ancienne de toutes les Pairries non eccleſiaſtiques:
Elle ne recognoiſt doncques que le Parlement de
Paris; mais cela ne change pas ſes couſtumes. Le
Comté d'EU eſt gouuerné par la couſtume generale de Normandie, & par ſa couſtume locale & particuliere. La couſtume generale de Normandie y a
lieu, entant qu'il n'y eſt derogé par la locale du
Comté d'EU, comme il eſt au fait du droict de viduité. Iamais on n'a dit que le Comté d'EU fut
gouuerné par la couſtume d'Abbeuille: C'eſt de
feindre des monſtres pour les debeller; Mais le Parlement ou autres iuges de Normandie n'ont aucun
pouuoir ſur le Comté d'EU ny ſur ſa couſtume locale, & ne s'en peuuent aucunement meſler. C'eſt à
Meſſieurs

Messieurs du corps de ceste Cour, qui iugent les procez du Comté d'Eu, qui interloquent & informent de ceste couftume: de la recueillir & rediger par éfcrit, & non à ceux qui font interdicts de toute cognoiffance de ce qui concerne ce Comté, par les lettres du Roy Henry fecond verifiees ceans:

Ce qui fait cognoiftre la nullité manifefte de la fentence par laquelle ceux de Rouen ont entreprins de priuer ceux du Comté d'Eu de leur couftume locale, & que ces deux mots *Comté d'Eu*, ont efté fubreptiffement gliffez dans les lettres obtenues en foixante dixfept par le Syndic du pays de Normandie, qui s'eft toufiours efforcé, au mefpris de l'authorité du Parlement & de ceste Cour, d'envelopper le Comté d'Eu dans la iurifdiction de fon pays : A quoy il fuffit de s'oppofer comme on a toufiours fait, & comme fait encores à prefent ma partie, & pareillement à la verification generale de la couftume de Normandie, entant qu'on s'en veut preualoir contre luy, auec qui elle n'a point efté faite; fuppliant la Cour de prendre garde, que le confeil de Monfieur le Prince met en auant, que les couftumes particulieres de Caux ont efté enregiftrees au Comté d'Eu (ce qui ne fut iamais) au lieu de dire au Vicomté d'Arques, ainfi que le monftre le procez verbal en la derniere ligne du fueillet deux cens cinquantehuict, & au commencement du mefme fueillet tourné de ceste couftume de Normandie commentee.

On s'eft bien gardé de penfer feulement d'entreprendre de faire enregiftrer, ny de faire fignifier

G

à EU cefte fentence du dixiefme Septembre quatre
vingts fix, ny les articles de la couftume locale d[e]
Caux: Car on ne l'eut iamais fouffert à EU, où il[s]
cognoiffent authorité fuperieure que celle du R[oy]
& de fa Cour des Pairs,

Solemque fuum fua fydera norunt,
ET où ils s'affeurent, que comme par le paff[é]
auffi à l'aduenir ceux de ROUEN par quelque furpri-
fe qu'ils puiffent faire, n'auront pouuoir de leu[r]
ofter le moindre droict qu'ils ayent : tant s'en fau[t]
qu'ils leur puiffent tollir leur couftume locale, le[ur]
loy municipale & domeftique, que les plus rude[s]
ennemis n'arrachent pas aux vaincus.

Nous auons vn merueilleux aduantage en cet
endroit, car vne mefme piece confirme du tout ce
qui eft d'aillieurs fãs difficulté, qu'il y a vne couftume locale à Eu, & monftre auffi que le faict eft indubitablement receuable & trefpertinent, fçauoir,
Que le droit de viduité n'a point de lieu au Comté d'E[u].

C'eft l'arreft du quinziefme Auril cinq cens foixante dix, donné en la caufe de Dauid Turpin[,]
quatre ans auparauãt le decez de Madame la Princeffe, c'eft à dire auparauant qu'on peuft feulemen[t]
penfer à ce procez : Les mots du difpofitif de ce[t]
arreft font, *Noftredite Cour par fon iugement & arreft*
a ordonné & ordonne, auant que proceder au iugement
de dudit procez, pour le regard du premier chef d'icelle fen-
tece, cõcernant l'vfufruict pretendu par ledit Turpin, du-
rant fa VIDVITE, *qu'il fera informe d'office, & faite deux*
turbes en ladite ville d'Eu, fur certains articles extraicts
dudit procez de la commune obferuance & vfage dudit

Comté d'Eu: & quant aux autres chefs, &c.

Celuy qui pretendoit ce droit, & qui auoit saul-té par dessus le degré de la iurisdiction du Bailly, sçachant qu'il corrigeroit la sentence du Vicomte son amy, voyant ce fait reçeu, n'osa iamais pour-suiure, & se desista de sa pretention.

Tant y a que ma partie soustient, que par la cou-stume locale du Comté d'Eu, il n'y a aucun droict de viduité:La Cour a receu le faict quatre ans auant tout subiect de ce procez : & partant il est tel, qu'il est, soubs correction, impossible de toute impossi-bilité de passer par dessus, si ce n'est comme e-stant inutil, superflu & superabondant : ainsi que veritablement il est: d'autant que suiuant la deci-sion de l'arrest de soixãte dixsept,laCour a desia iu-gé, que le droit de garde doit estre preferé au droit de viduité : ce qui doit auoir indubitablement lieu en ceste cause. Premierement parce que le faict est aduenu soubs l'ancienne coustume : Et en second lieu, d'autant que ceux qui ont voulu reformer la coustume, ont bien peu toucher aux successions, aux testaments,aux douaires, & choses semblables, qui regardent le droit priué,mais n'ont pas peu tol-lir,alterer, ny affoiblir les droicts de sa Maiesté, ny de ses grands vassaux,les ancestres desquels respan-dirent leur sang pour couronner le chef de ce grãd Philippes Auguste, des lauriers de ceste glorieuse conqueste,*& sanguine nobis hanc terram peperere suo.*

Chascune de ces quatre responses prises à part, destruit l'argument qu'on vouloit tirer de cet arti-cle trois cens quatre vingts trois: mais mises toutes

ensemble sont si fortes & si inexpugnables, qu'elles
ne laissent aucune difficulté.

Ce que recognoissant l'Aduocat de monsieur le
Prince, & que la cause ne se pouuoit iuger par ceste
nouuelle coustume, qui ne s'est veüe, sinon cinq
ans apres que la Garde, dont est questió, est escheuë
à employé la plus grande partie de son plaidoyé à
vouloir subtilizer sur l'ancienne coustume de Normandie : & à s'efforcer de monstrer, que la Cour
donnant l'arrest de soixante dixsept, ne l'auoit
pas bien entendue, & auoit iugé au contraire de
l'intention de ceste ancienne coustume.

Il n'y a rien plus facile que de respondre à tous
ses arguments, qu'il est besoing de prendre les vns
apres les autres.

Le premier est tiré de la rubricque : La coustume, dit-on, parle de la garde d'orphelins : Or Madamoiselle de Bourbon n'estoit pas orpheline, car
elle auoit encores Monsieur son pere : & consequemment la Cour en soixante dixsept, n'a deu
ordonner que feu Monsieur de Guyse iouyroit en
vertu de son droict de garde.

Il n'y a rien plus facile Messieurs, que de monstrer que la Cour a mieux entendu la langue Grecque & la Latine que l'Aduocat de Monsieur le
Prince : & que ce mot ὀρφανὸς signifie quelquefois
celuy qui n'a ny pere ny mere, & quelquefois celuy
qui a perdu son pere seulement, & quelquefois celuy qui a perdu sa mere seulement.

En la loy trentiesme & trentequatriesme *C. de
Episcop. & cler.* en la loy seiziesme §. *si quis vero.* &

en la loy *pen. in principio. C. de sacro. eccles.* ὀρφανοὶ sont
ceux, *qui parentibus & substantijs destituti sunt:*
ὀρφανοτροφεῖον le lieu où ils estoient nourris.

De mesme dans l'onziesme des loix de Platon,
où il parle des magistrats tutelaires, cela s'entend
proprement de ceux qui n'ont ny pere ny mere,
qui sont ὀρφανοὶ γενεῶν qui (comme dit Symmache)
publico defendi debent adiutu, quia familiaribus admini-
culis deseruntur.

Quelquefois Orphelin, signifie celuy qui a perdu son pere seulement, lequel s'appelle tantost
ὀρφανὸς simplement, & tantost ὀρφανὸς παῖς, comme
en cet epitaphe de Demosthenes : Il est lamentable
aux enfans d'estre orphelins de pere, mais il est honorable d'estre heritiers de la gloire paternelle.

Quelquefois aussi Orphelin, signifie celuy qui a
perdu sa mere seulement, & lors ou on l'appelle
ὀρφανὸς μητρὸς, ou ὀρφανὸς simplement. C'est ce qui est
denié, C'est ce qu'il faut iustifier: mais auparauant il
est necessaire de remarquer que ὀρφανὸς proprement signifie celuy qui a perdu vne personne ou
vne autre chose chere, ὀρφανὸς παίδων, τέκνων, ἑταίρων
dans Platon, Plutarque & autres.

Orbus en langue latine signifie le mesme: Pline
au liure 35. chapitre 10. *Pinxit & Antigoni regis ima-*
ginem altero lumine orbam. Vlpian en ses fragments
de Cælibe; Orbo & solitario patre. C'est s'abuser de dire
que le pere seul est appelé *orbus* & non la mere, & les
seuls enfans orphelins qui ont perdu leur pere: Car
quãt à la mere, nous lisons dãs Cicero *pro Cluentio;*
Mater orbata filio. Et pour le regard des enfans qui

ont perdu leur mere *Sextus Pompeius Festus* seruira de Papinian en ce poinct de la cause, voicy comme il parle, *in verbo orba, Orba apud Poetas significat priuatam aliqua persona chara: Apud oratores quæ* P A-T R E M *amisit aut* M A T R E M *, vt Seruius sulpitius ait,* Quæ liberos quasi oculos amisit.

Mais paraduanture que *orbus* a vne plus grande energie en la langue latine que ὀρφανὸς en la grecque ? Nullement : le Glossaire de saint Germain le monstre, où ὀρφανία est tourné *orbitas*, & *orbitas* ὀρφανία.

» Ce qui trenche tout & ne laisse lieu quelcon-
» que de douter, est vn vers d'Euripide en l'Hypolite,
» où il introduit Thesee regrettant amerement la
» mort de sa femme: Ma maison, dit il, est deserte, &
» mes enfans sont orphelins.

» Ἔρημος οἶκος, καὶ τέκν᾽ ὀρφανεύεται.

C'est le pere mesme qui parle, & qui dit que les enfans sont orphelins, parce qu'ils ont perdu leur mere. Comment donc peut-on dire que les enfans ne sont point orphelins qui ont encores leur pere, bien qu'ils ayent perdu leur mere?

Et Halicarnasse en l'onziesme parlant *de Virginia*, Ayez pitié de ceste pauure orpheline qui a perdu sa mere, & de laquelle le pere combat pour vostre liberté.

On dit que l'ancienne coustume de Normandie au chapitre soixante & dixhuictiesme, parle de vefues, femmes, & orphelins: A quoy la response est double : La premiere que ceste rubrique n'a rien du tout de semblable auec celle du chapitre

trentetroifiefme,dont il eſt queſtion en ceſte cauſe:
Auſſi en eſt-elle eſloignee de quarante ſix chapitres: Il s'agiſt là de l'oppreſſion qu'on fait aux per-
ſonnes foibles, ainſi que le monſtrent les tiltres
precedents, depuis le ſoixante dixſeptieſme: qui
parlent de querelles, de meurtres, de trahiſon, de
roberies: La ſeconde reſponſe eſt, que ce mot d'orphelin s'entend là auſſi bien de celuy qui aura
perdu ſa mere que de celuy qui aura perdu ſon pere,ſi l'enfant ſe trouue foible,nonobſtant l'exiſtence de ſon pere, & principalement s'il eſt queſtion
des biens de ſa mere.

Et de fait pour monſtrer que toutesfois & quan-
tes qu'il s'agiſt des biens de la mere, l'enfant qui a
perdu ſa mere eſt reputé orphelin.

Quand nous diſons deniers pupillaires ὀρφανικὰ
χρήματα, qui peut douter que s'il eſt queſtion des
deniers venus de la ſucceſſion de la mere, encores
que l'enfant ait ſon pere viuãt, que ce ne ſoient deniers pupillaires qui ont tous les priuileges des deniers pupillaires?

En cet endroit il ne faut pas que la diuerſité des
principes nous abuſe. En l'ancienne Rome,la femme tenoit lieu de fille , & à ſes enfans de ſœur: Par
ſa mort rien ne s'acqueroit aux enfans: Et s'il leur
euſt eſté acquis quelque choſe, au meſme inſtant il
fuſt paſſé au pere. C'eſt pourquoy par le decez de la
mere de famille rien n'eſtoit changé en la maiſon,
& ne falloit aucun tuteur: Et toutesfois la nature
ſurmõtant l'art, on void que Halicarnaſſe en ceſte
anciéne Rome,ne laiſſe d'appeller la fille qui auoit

perdu ſa mere ὀρφανὼ μητρός : Mais entre nous, auſſi toſt qu'vne mere eſt decedee, ſa ſucceſſion eſchet à ſes enfans, auſquels partant il faut vn tuteur, ſoit le pere, ſoit autre. Or tuteur & pupil ſont relatifs, & ſi leur faut vn tuteur, ils ſont dóques pupils, ſi pupils, & conſequemmét orphelins: *Pupillus*, il eſt ὀρφανὸς, ὀρφανὸς, il eſt *pupillus*, dit le meſme gloſſaire de ſainct Germain.

Orphelin eſt donc ſans doute celuy qui a perdu ſa mere, quand il eſt queſtion des biens de la mere; Orphelin eſt celuy qui a perdu ſon pere, quád il eſt queſtion des biens du pere. Et en cet endroit ne peut eſtre omis que la Couſtume de Normandie diſtingue ſi ſoigneuſement les deux eſtocs, celuy du pere & celuy de la mere, que les parens de l'vn des coſtés ne ſuccedent iamais aux biens de l'autre, non pas le pere meſme. Ce ſont diuers biens, diuerſes ſubſtáces, diuers patrimoines; & ſelon que l'enfant à perdu ſon pere ou ſa mere, il eſt reputé orphelin en parlant du bien de la ſubſtance & des facultez du mort.

On dit que le praticien François a appelé la garde, tutelle, mais il adiouſte incontinent apres, *ſiue cuſtodiam*. Dauantage par ſa verſion latine il n'a pas peu empeſcher la force du mot de garde, tiré d'vn ancien mot Alemand *wardia*.

Ceux qui ſe ſont voulu meſler de tourner nos couſtumes en langue latine euſſent mieux fait à l'exemple de Theophile, Dorothée, Harmenopule & autres autheurs des Baſiliques, de retenir les propres mots de la ſciéce & de l'art, & ſe contéter de la terminai-

erminaifon Latine, comme ils ont fait de la Grecque.

Il n’y a rien plus differend de la garde que la tutelle. La tutelle rend cópte de tout: La garde ne rend
compte de rié. Le mineur ne peut eftre tuteur pour
quelque occafion que ce foit, Cela fut iugé encores Lundy dernier: Le mineur peut eftre gardien &
auoir luy mefme vn curateur, ainfi que du Moulin
a remarqué fur l’article cent foixante cinquiefme
de l’antienne Couftume d’Orleans.

L’argumét donc formé de cefte façon: La garde
eft vne tutelle, Or celuy qui a vn pere n’a que faire
de tuteur, & cófequémment ne tóbe point en garde:
cet argument eft du tout trompeux & fallacieux:
Car la definition & premiere propofition eft fouz
correction du tout efloignee de verité : fçauoir, La
garde eft vne tutelle. Ce droit de garde eft vn droit
feodal qui n’a rien de commun auec la tutelle, ainfi
que ie le monftreray tantoft.

Et fi cet argument eftoit bon on diroit de mefme, que celuy qui a vn ayeul n’a que faire de tuteur,
celuy qui a vne mere ou vne ayeulle n’a que faire
de tuteur, & confequemment ne tumbe en garde:
& de cefte façon toutes les gardes f’éuanouiroient.

Ces grandes, affections de pere, de mere, d’ayeul,
d’ayeule, qui ne peuuent fans doute eftre vaincues
par aucunes perfonnes , n’ont rien de commun
auec ce droict feodal de garde. Monfieur le Prince
de Condé eftoit tuteur de Madamoifelle de Bourbon fa fille; Monfieur de Guyfe Comte d’Eu, eftoit
gardien des fiefs non partables au dedans de fon

Comté d'Eu appartenans à Madamoiſelle de Bourbon ſouz-âgee.

La loy *Cum filius famil. D. de teſtam. milit.* & la loy
ſeconde *de teſtam. tut.* conſeruent la tutelle ou puiſſance au pere, ou à l'ayeul: Mais quant a ce qui regarde l'émolumét elles lui oſtent. C'eſt de l'émolu-
ment ſeul qu'il eſt icy queſtion : Ce n'eſt point for-
cer ny violenter la nature que de conſeruer à chacun le droict qui luy appartient.

Voila donques la reſpóſe à tout le langage qu'on
a tenu pour s'efforcer de móſtrer que Madamoiſelle
de Bourbó n'eſtoit cópriſe ſous ce mot d'orphelin.

Mais comme la verité a vne merueilleuſe force,
& qu'elle ſe fait recognoiſtre par ceux meſmes qui
ſ'y veulent le plus oppoſer,

Ceſte grande & ſi celebre aſſiſtance ſe peut reſ-
ſouuenir des concluſions qui ont eſté priſes par
l'Aduocat de Monſieur le Prince en finiſſant ſon
plaidoyé ; ſçauoir, que les fruicts des Baronnies &
terres dont eſt queſtion, luy fuſſent adiugees iuſques au ſecond mariage de Monſieur le Prince,
n'ayant oſé les demander en ce lieu plus auant,
voyant que ſa ſeule couleur & ſon ſeul pretexte
eſtoit fondé ſur ce pretendu droict de viduité, qui
luy manquoit du tout depuis ce iour là.

Or ie demande ſi Madamoiſelle de Bourbon
eſtoit plus orpheline, tant que Monſieur le Prince
ſon pere a veſcu en ſecondes nopces, qu'auparauant
depuis le decez de Madame Marie deCleues ſa mere.

Il n'y a perſonne qui die qu'elle fuſt en rien plus
orpheline, veu meſmement que les peres ne perdent

la tutelle de leurs enfans par leur ſecond mariage.

Puis donc qu'on recognoiſt taiſiblement & neceſſairement, que du iour du ſecond mariage de Monſieur ſon pere elle tomboit en garde comme orpheline, qu'elle apparence d'auoir oſé ſouſtenir contre tant d'authoritez irrefragables, & celle de l'Arreſt de ſoixante dixſept: que la fille qui a perdu ſa mere n'eſt point compriſe ſouz ce mot d'orphelin, encores qu'il ſoit queſtion des biens de ſa mere.

Ie finiray ce point par la lecture de l'article cẽt treſixieſme de la Couſtume de Chaſteaneuf en Thimeraye voyſin de la Normandie, qui fait cognoiſtre que comme en la langue Grecque & Latine, auſſi en la Françoiſe, orphelin ſignifie quelquesfois celuy qui a perdu ſon pere & ſa mere, quelquesfois celuy qui a perdu ſon pere ſeul, & quelquesfois celuy qui a perdu ſa mere ſeule: Voici les mots, *Si le pere ou la mere prend la garde des enfans mineurs d'ans, orphelins de pere ou de* M E R E *&c.*

LE SECOND ARGVMENT de l'Aduocat de Monſieur le Prince tiré de l'ancienne Couſtume conſiſte en ces mots du chapitre cẽt dixneufieſme, *Auſsi doiuet eſtre rappellez les fiefs qui ont eſté encõbrez, en temps que les hommes les tenoient par leurs veuſuetez:* On forme ainſi l'argument: Les fiefs tombent dans le droict de viduité; & partant ne ſont ſujets au droict de garde quand il y a vn pere ioüiſſant du droict de viduité, car il y a touſiours vn Seigneur, De ſorte que ſi le droict de garde eſtoit preferé au droict de viduité, iamais le droict de viduité n'auroit lieu pour le regard des fiefs.

Si ie voulois diſtinguer entre le fief partable & le fief nõ partable, & dire que ce chapitre cét dixneufieſme ſe doit entédre du fief partable, auquel noſtre garde n'a point de lieu, l'argumét de l'Aduocat de Monſieur le Prince demeureroit ſans force: mais nous n'en ſommes nullement là : Il n'y a rien plus aiſé que d'eſclaircir ce point entier, ſoit qu'on le prene du fief partable, ſoit du fief non partable.

Meſſieurs, il y a trois cas auſquels le Seigneur de fief ne peut ioüir du droict de garde, & que le droict de viduité (ſelon qu'il ſe pratique en la Couſtume generale de Normandie) a lieu.

L'vn eſt quand les enfans ſe trouuent lors du deceds de la mere aagez de plus de vingt ans:

Le ſecond, quand s'eſtans trouuez, lors du deceds de leur mere, ſous-aagez, ils ſont depuis paruenus à l'aage de vingt ans:

Le troiſieſme, quand il y a eu des enfans nés vifs, mais tous decedez auant la mort de la mere, qui laiſſe vn frere, ou vn oncle, ou vn autre collateral aagé de plus de vingt ans.

En chacun de ces trois cas, le Seigneur ne peut rien pretendre pour ſon droict de garde; car il faut preſuppoſer vne minorité de vingt ans en la perſonne du vaſſal, auant que le droit de garde puiſſe auoir lieu.

Conſequemment, le mary *non potior, ſed ſolus* ne trouuant aucun concurrant, ioüit de ſon droict de viduité.

Or quand ce droit de viduité vient a expirer, ou par ſon decez, ou par ſes ſecondes nopces, il faut que les proprietaires du fief y rentrent: C'eſt ce que là cou

ſtume dit en ces mots cy deſſus rapportez, *Auſſi
doiuent eſtre rappelleʒ les fiefs qui ont eſté encombreʒ, en
temps que les hommes les tenoient par leurs veufuetez.*

Puis que le mary en chacun de ces cas peut ioüir
du fief partable & non partable, ſans en rien preiudicier au droict de garde, qui ny peut auoir lieu
faute de minorité de vaſſal, qui peut douter que
toutesfois & quātes que ce droict de viduité vien-
dra à faillir, il faudra que les proprietaires rentrent
en leur fief?

Quand au lieu de trois cas il n'y en auroit qu'vn,
cela ſuffiroit: mais y ayant trois cas eſquels le droit
de viduité a lieu en la Couſtume generalle de Normandie, qui ne void la foibleſſe, &, ſous correctiō,
l'impertinence de cet argument, qui procede ainſi?
Le mary ioüit en certain cas du fief, & conſequemment il en doit ioüir, nonobſtant le droict de garde du ſeigneur. C'eſt comme ſi on argumétoit de
ceſte façon; La couſtume parle de la ſucceſſion
des freres & des nepueux, & dit qu'il y a repre-
ſentation entre eux; & conſequemment les freres
ſuccedent au preiudice des enfans.

Tout ainſi qu'on reſpondroit a cet argument,
Les freres ſuccedent quand il n'y a point d'enfans,
auſſi on reſpondra à l'argument dont eſt queſtion:
Le mary ioüira des fiefs, lors qu'il n'y aura point
de minorité de vaſſal: Laquelle minorité donnant
ouuerture au droict de garde, exclud le droict de
viduité pour les raiſons qui ſeront tantoſt repreſentees.

LE TROISIESME ARGVMENT, qu'on

dit tirer de l'ancienne Couſtume, eſt ainſi formé,
Le ſeigneur ioüiſſant du droiⱦ de garde eſt tenu
payer toutes charges, meſmes les rentes conſtituees par le vaſſal, trois iours auant ſon decedz.

Or le droiⱦ de viduité eſt vne charge, & conſequemment il eſt tenu de la payer & recognoiſtre.

Ny la premiere, ny la ſeconde propoſition ne
ſont, ſous correction, veritables.

Quant à la premiere, le Seigneur n'eſt tenu de
payer les rentes par l'ancienne couſtume : car nous
ſommes en cet endroit de la cauſe en la diſquiſi-
tion de l'ancienne couſtume de Normandie ; &
n'eſt pas raiſonnable de bailler le change, comme
on a voulu faire ſouuent : Puiſque nous parlons de
l'ácienne couſtume, il faut demeurer en ſes termes,
autrement ce ne ſera qu'vne confuſion pour empeſcher de recognoiſtre la verité qu'ó cherche, ſcauoir ſi en l'ancienne couſtume le droit de garde tₒ
ſtoit preferé au droit de viduité, quand ils ſe trouuoient concurrens, *aut contra*, ſi le droit de viduité
eſtoit preferé.

Demeurons donc aux termes de l'anciéne couſtume, & diſons qu'elle ne donne autre charge à la
garde, que les charges ordinaires des ſeigneurs de
fief, lors qu'ils iouiſſent des fiefs de leurs vaſſaux,
ſelon les ouuertures qui ſe rencontrent ; ſcauoir
d'entrenir les heritages & edifices en bon eſtat:
Mais de payer des rentes & choſes ſemblables, iamais les ſeigneurs n'y ſont tenus, ſinon quand ils
les ont infeodees, nanties ou realiſees : autrement
il ſeroit en la puiſſance des vaſſaux d'affoiblir, voi-

re du tout aneantir les droicts de leur seigneur, qui
ne deppendroient plus que du bon ou mauuais
mesnage, ou de la bonne ou mauuaise foy de leurs
vassaux.

Voicy les mots de l'ancienne Coustume (souz
laquelle la garde, dont est question, est escheuë, &
a couru) au penultiesme article du chapitre trente
troisiesme, qui est celuy des gardes d'orphelins: *Les
fiefs de ceux qui sont en garde doiuent estre gardez par les
Seigneurs qui reçoiuent les fruicts & les issues, & par ce
l'on doit sçauoir que le seigneur doit tenir en droict estat
ancien les edifices, les manoirs, les bois, les prez, & les iar-
dins, & les estangs, les moulins, les pescheries, & les autres choses dont ils doiuent auoir les issues, & si ne peuuent vendre, arracher ne remuer les bois, les maisons, ne les
arbres.*

L a charge des gardes est la char-ge de tout droit feo-dal selon l'ancienne coustume.

Ce point seruira tantost grandement a monstrer que la garde est vn vray droit feodal, & consequemment preferable a tous autres, & qui ne re
cognoist autre charge que celle des autres iouïs-
santes du fief seruant, faites par le seigneur dominant.

Mais en cet endroit, il est besoin d'expliquer ce
que l'Aduocat de Monsieur le Prince vouloit dire,
quand il soustenoit que le seigneur qui iouïst du
droict de garde, deuoit payer *etiam les rentes* con-
stituees par le vassal deuant son decedz. Il vouloit
parler de l'article deux cens dixhuictiesme de la
Coustume nouuelle au chapitre des gardes, qui
contient ces mots en ses deux dernieres lignes : *Et
outre est tenu (le seigneur scilicet) de payer les arrerages*

des rentes foncieres, hypotecaires, & autres charges reelles.

En Normandie les rentes conftituees font im-
meubles, comme icy, & font charges reelles: & de
fait fuiuant cet article, felon qu'ils viuent à prefént,
ils font payer au Roy, & au feigneur qui ioüit du
droiét de garde, les arrerages des rétes conftituees,
c'eft à dire, que les gardes s'en vont toutes ruynées.

Car il faut noter, qu'outre ce qu'ils ne fe fou-
ciét gueres de l'arreft du feptiefme Oétobre quatre
vingts cinq, cet article deux cens dixhuiétiefme,
comme plufieurs autres, eft efchappé à celuy qui
dreffa l'arreft, & n'eft point expreffément referué,
qu'il ne pourroit preiudicier aux droiéts du Roy.

Et voicy vne feconde obferuation qu'il faut faire en cet endroit. C'eft qu'encores que cet article
foit diametrallement oppofé à l'article penultief-
me du chapitre des gardes de l'ancienne Couftume, cy deuant tranfcrit : neantmoins ny dans le
texte de cet article deux cens dixhuiétiefme de la
nouuelle couftume, ny dans le procez verbal, il
n'y a marque ny veftige quelcóque, main, ny eftoille qui face cognoiftre que cet article deux cens dix
huiétiefme foit nouueau.

Ils s'en font bié gardez, tout ainfi qu'en l'article
trois cens quatre vingts trois, & en infinis autres:
Car on leur euft demandé en vertu dequoy ils en-
treprennoient d'eftablir des loix nouuelles a eux
du tout aduantageufes, & du tout à la ruine & con-
fufion des droits de la Couronne & de fes grands
vaffaux.

Ils

Ils ne veulent point qu'on eſtime qu'ils ayent
rien changé, ſinon en certains points qui ne regardent que le droiɕt priué:Pour tout le reſte, ils deſi-
rent qu'on croye que ce qu'ils pratiquent maintenant à la ruyne des droiɕts du Roy, & de ſes grands
vaſſaux, eſt l'ancien droiɕt de Normandie, duquel
à multis retro ſeculis on a vſé, ils voudroient qu'il ne
fuſt iamais mention de l'ancienne Couſtume de
Normandie, & que tous les exemplaires & toute
memoire en fuſt perduë.

Et de fait, s'il n'y eſt bié toſt remedié, & ſi l'arreſt «
qui interuiendra en ceſte cauſe ne fait cognoiſtre «
que le ſoin & l'affection de la conſeruation des «
droiɕts du ſacré domaine de la Couronne & de ſes «
grands vaſſaux (qui ſont les fermes piliers ſur leſ- «
quels elle eſt appuyee,) ne ſont pas encore morts, «
ains qu'il ſe trouue au beſoin des eſprits releués,có- «
ſideratifs & clair-voyans, qui ſçauét apporter con- «
tre le mal,les remedes vifs & puiſſans, il n'y a point «
de doute qu'il reſtera peu d'eſperance de leur con- «
ſeruation pour l'aduenir. «

Car y ayant trois Cours ſouueraines en ceſte «
Prouince, combien eſt-il difficile qu'il ſe preſente «
des occaſions ſemblables à celle-cy? «

Dieu vueille que Monſieur le Prince ayant ache- «
ué d'ouïr toute ceſte plaidoyrie,conſidere profon- «
dement où elle aboutit, & le regret qu'il deuroit «
auoir, que ſur le ſujet d'vne cauſe qui luy importe «
de ſi peu, il ſe fuſt efforcé dauátage de faire frapper «
vn tel coup contre lesdroiɕts de ſa Majeſté,qui en «
trois iours luy peut dóner des gardes de Normádie «

de valeur dix fois plus grande que tout ce qui est
en controuerſe en ceſte cauſe.

Et lors ſon Aduocat ne diſcouroit plus contre
les droicts de garde, ſe laiſſant tellemét emporter à
ſes cogitatiós deſtituees (ſouz correction) de tout
teſmoignage & de toute authorité, que de dire qu'
au commencemét les gardes n'emportoient point
le gain des fruicts, mais que les Officiers les y ont
ſubtilement attirez. Où ont eſté priſes telles fables?
Et combien eſt-il hardy de les venir féindre en ce
lieu, pour colorer vne cauſe, ſous correction, ſi iniuſte?

Le droict de garde, emportant la ioüiſſance des
fruicts, eſt auſſi ancien en Normandie que la conceſſion de la Prouince en fief & titre de Duché aux
Ducs des Normands, qui par leurs premieres inue-
ſtitures & par celles de leurs grands vaſſaux, im-
poſerent ceſte loy, ſans laquelle ils n'euſſent ſceu
mettre à heureuſe fin les hautes entrepriſes qu'ils
ont faites en diuers endroits du monde.

Telles ioüiſſances ne ſont point des vſurpations, mais bien ſont-ce vſurpations inſolentes &
par trop hardies, de ceux de la Prouince, d'auoir
voulu affoiblir & aneantir des droits ſi importans.

Ceſte refutation de la premiere propoſition de
ce troiſieſme argument, qu'on dit tirer de l'ancienne couſtume, eſt grandement vtile pour monſtrer
entre autres choſes, comment par le moyen de cet
article deux cés dixhuictieſme de la nouuelle couſtume, on a voulu abaſtardir & aneantir le droit de
garde en le rendant ſujet a des rentes conſtituees,

au lieu que comme droict feodal qu'il est, il n'y estoit nullemēt tenu par l'ancienne couftume conforme a ce qu'a remarqué du Moulin fur l'article dixhuictiefme, nombre quatriefme de la couftume de Paris en ces mots. *Capit dominus omnes fructus & obuentiones nulla deductione facta pro penfionibus, reditibus & quibufcunque onerib. impofitis a vafallo, etiam ad pias caufas, quæ non tenetur foluere: nec creditores agere poffunt contra patronum tamquam poffefforem rei hypotecatæ, aliqua perfonali vel mixta actione, nec etiam hypotecaria: quia quod attinet ad patronum iure feudali fruentem res non cenfetur nec eft hypotecata nec aliter affecta: prout etiam non tenetur ftare colono antiquo vel nouo vafalli, fed poteft illum expellere.*

Les charges des droicts feodaux.

Il faut maintenant refpondre à la feconde propofition par laquelle on dit que le droict de viduité du pere, eft vne charge à laquelle le feigneur ayant la garde feodale doit eftre fujet.

Cefte feconde propofition a auffi peu d'apparance que la premiere: car qui a iamais ouy parler que l'vfufruict d'vne chofe puiffe eftre la charge de l'vfufruict de la mefme chofe: ce feroit la deftruction & l'exclufion, & non pas la charge: il faudroit que la charge de l'vfufruict fuft moindre que l'vfufruict, car il eft neceffaire qu'outre la charge fupportee il demeure quelque chofe de refte.

Mais de dire que i'amais couftume ait penfé d'ordóner que la charge de la garde qui n'eft qu'vn vfufruict, foit l'vfufruict du pere, ce feroit chofe fous correction abfurde & impertinente.

Ce n'eſt pas aſſez d'auoir refuté ainſi ces deux propoſitions de ce troiſieſme argument, mais il faut mónſtrer encores qu'il eſt antiſtrophe & conuertible, qui eſt vn des grands vices qui s'y puiſſe remarquer.

Voicy comment il eſt conuertible, diſons ainſi: Le pere qui ioüit par droiɛt de viduité d'vne terre, eſt tenu de payer toutes les charges, toutes les rentes, toutes ſortes de debtes: & ceſte premiere propoſition eſt auſſi veritable, & ſans difficulté, que la meſme propoſition en parlant de la garde eſt contraire à la verité en l'ancienne couſtume, en diſant que le ſeigneur qui ioüit du droiɛt de garde eſt tenu de payer toutes les charges, ainſi qu'il a eſté monſtré cy deſſus: Eſtant veritable, qu'il n'eſt tenu qu'a entretenir les lieux en bon eſtat.

Et faiſons la ſeconde propoſition ainſi: Or le droiɛt de garde eſt vne charge ancienne fonciere & feodale, & conſequemment le pere la doit ſupporter.

Ceſte ſeconde propoſition auroit bien plus d'aparence que l'argument de l'Aduocat de Monſieur le Prince, & conſequemment l'argument eſt conuertible & auec bien plus de force.

Et neantmoins comme la ſeconde propoſition de ſon argument eſt abſurde, ſous correɛtion auſſi n'eſt-ce pas bien & pertinemment parlé, de dire que le droiɛt de garde ſoit vne charge du droiɛt de viduité? Car il faut tout autrement dire & parler d'excluſion, & non de charge, ſçauoir, que le droiɛt de garde exclud le droiĉt de viduité, & y eſt preferé ſelon la nature de tous les droiĉts feodaux, ainſi qu'il ſera tantoſt monſtré.

LE QVATRIESME ARGVMENT qu'on dit auſſi tirer de l'ancienne couſtume a eſté ainſi formé: Le ſeigneur feodal qui ioüit de la garde eſt tenu de payer le doüaire, & conſequemment il eſt tenu de payer le droiĉt de viduité.

La propoſition de cet argument eſt, ſous corre-ĉtion contraire à la verité: car comme il a eſté dit, le ſeigneur qui ioüit de la garde n'eſt tenu par l'an-cienne couſtume a autre choſe ſinon a entretenir en bon eſtat les heritages & edifices, mais pour le regard du doüaire;pour le regard des rentes,ny des autres debtes,il n'y eſt nullement tenu.

Quant à la conſequence & concluſion de l'ar-gument,elle eſt du tout vitieuſe,car par toute bon-ne logique on ne peut argumeuter *affirmatiuè à minori ad maius*,bien le peut-on *negatiuè*.

Le doüaire par la couſtume de Normandie ne peut exceder le tiers de l'vſufruiĉt: Or le droiĉt de viduité eſt l'vſufruiĉt de la totalité, & conſequem-ment le droiĉt de viduité eſt trois fois plus que le doüaire.

On pourroit donc bien argumenter ainſi, *negatiue à minori ad maius*, Le ſeigneur qui ioüit de la garde, n'eſt pas tenu de payer le doüaire, & partát,& a plus forte raiſó,il n'eſt pas tenu de payer le droiĉt de viduité,il n'eſt pas tenu de payer dix,& conſequemment il n'eſt pas tenu de payer tren-te.

Mais on argumente tout autrement, & dit oh,
Le seigneur est tenu payer le doüaire, qui est dix,
Et consequemment il est tenu de payer le droict de
viduité, qui est trente : c'est vne forme d'argumenter, sous correction, toute vitieuse, & qui est sans
aucune apparence : Partant, ny la proposition, ny la
conclusion de ceste quatriesme obiection qu'on
veut s'efforcer de tirer de l'ancienne coustume, ne
sont veritables ny pertinentes.

LE CINQVIESME ARGVMENT qu'on
veut establir sur l'ancienne, coustume est fondé sur
ce qu'au chapitre trente troisiesme, article quatorziesme, il est dit, *Que la fille qui est en garde sera mariee
par le conseil & licence de son seigneur, & par le conseil
& l'assentement de ses parens & amis.* Or (dit-on) ce
mot de parens ne se peut entendre du pere, & consequemment la coustume ne met point en garde
la fille qui a son pere.

Si le pere est côpris sous le mot de parent,

La seconde & mineure proposition de cet argument est merueilleuse, sçauoir, que le pere n'est
compris sous ce mot de parent : *imò verò*, le pere &
la mere, & autres ascendans sont propremét les
parens : les autres ne le sont qu'improprement : les
peres & meres sont la source & l'origine de la parenté, les chefs de la parenté, commet est-ce donc
qu'ils ne peuuent estre compris sous le mot de parens? Ces deux vers

Omnis in Ascanio chari stat cura parentis,

Nec tibi diua parens, generis nec Dardanus author,
monstrent bien clairement tout le contraire, que
le pere & la mere sont les vrais parens, les autres

ne le font qu'abuſiuement.

Auſſi l'Aduocat de Monſieur le Prince par ſes concluſions a bien recogneu qu'encores que Madamoiſelle de Bourbon eut Monſieur ſon pere viuant en quatre vingts ſix, ſept & huict, que neantmoins dautant qu'il eſtoit remarié, elle eſtoit en la garde du Comte d'Eu, puis qu'il n'a demandé les fruicts que iuſques au ſecond mariage de feu Monſieur le Prince. Or ſi Monſieur le Prince euſt veſcu iuſques en l'aage que Madamoiſelle ſa fille euſt peu eſtre mariee, on ne dira, ny penſera pas ſeulement, qu'elle euſt deu eſtre mariee ſans l'aduis & conſentement de Monſieur le Prince ſon pere, dont il s'enſuit neceſſairement qu'il eſtoit compris ſous ce mot de parens comme auſſi ny a il en cela doute quelconque.

LE SIXIESME ARGVMENT a eſté conceu en ceſte forme, *Le frere aiſné* ayant vingt ans rachette ſes autres freres & ſœurs de droict de garde, a plus forte raiſon le pere qui leur eſt plus proche les en doit racheter.

La propoſition, ſous correction n'eſt veritable en l'ancienne couſtume, & quant à la concluſion elle eſt du tout vitieuſe.

Il ne ſe trouuera point en l'ancienne couſtume que l'aage d'vn frere ſerue à l'autre : La garde ſeigneuriale a lieu pour les fiefs impartables deſquels l'aiſné prend en Normandie celuy qu'il veut, & le ſecond l'autre, & ainſi apres: Si le ſecond poſſede le fief releuant (par exemple) du Comte d'Eu, & qu'il ſoit au deſſous de l'aage de vingt ans, Le Comte d’Eu y doit auoir le droict de garde, biĕ que l’aifné qui a choifi vn autre meilleur fief ait vingt, vingt cinq, voire trente ans. Le Comte d’Eu n’eft point tenu de confiderer autre perfonne que fon vaffal, autre aage que de celuy qui eft proprietaire du fief releuant de luy, & ainfi a efté pratiqué depuis cent, deux cens, quatre cens, fept cens ans en Norman-die.

Qu’ont ils fait par cefte derniere reformation? ils ont ordonné tout le contraire en l’article cent quatre vingts feize, en ces mots; *Quand le frere aifné eft aagé, la garde de tous les fiefs de la fucceſſion finit, combien que les puifnez foient encore en bas aage, & fait ledit aifné la foy & homage de tous les fiefs, & en paye les reliefs, & neantmoins apres les partages faits, les puifnez font tenus faire la foy & homage, chacun pour fon regard, fans qu’ils foient tenus payer autre relief.*

Eftant fort a remarquer que cet article cent quatre vingts feiziefme, cóme infinis autres, n’a point efté fpecifiquemĕt referué, mais en gros feulemĕt, par celuy qui a dreffé l’arreft du feptiefme Octobre mil cinq cens quatre vingts & cinq, qui eft dans la page deux cens quarante neufiefme de la nouuelle couftume imprimee en l’annee quatre vingt dix neuf, Et neantmoins cet article eft infiniment important & preiudiciable aux droicts du Roy & de fes grands vaffaux : car en vne famille il y a des freres fouuent plus aagez de vingt ans les vns que les autres, & n’y a nulle raifon que fi celuy qui eft en braffiere eft feul mon vaffal, que l’aifné qui tiendra d’autres grands fiefs m’empefche de ioüir de la

gardé

garde noble sur cet enfant qui ne me peut seruir à
la guerre.

Ce n'est pas comme en ces quartiers de deçà, où
l'aisné a les deux tiers, ou la moitié pour le moins,
& où il n'y a aucune garde. Car s'il ny a point de relief, comme en la plus part des coustumes, il cesse
en directe: cela n'importe de rië du tout au seigneur
& n'est qu'vne formalité: & s'il y a relief, il est payé
aussi bien pour la part du maieur que du mineur, &
l'aage n'y est d'aucune importance.

Mais en Normandie où le droit de garde à lieu &
où sont impartables les fiefs sujets à la garde, il n'y
a nulle raison, sous correction, de me frustrer de la
garde sur mó vassal mineur, sous pretexte qu'il a vn
frere aagé de vingt ans qui n'est point mó vassal, &
qui ne me regarde en rien: Et s'il y a deux fiefs releuans de moy, puis que l'aisné en ayant choisi vn, le
puisné doit auoir l'autre par la coustume, pourquoy est-ce que l'vn des deux ne tombera pas en
ma garde?

Cet article cent quatre-vingts seize est pur nouueau & directement contraire à l'ancienne coustume, & neantmoins ny au texte, ny au procez
verbal, ny expressement, ny par notes & marques
d'estoille ou de main, il n'est fait mention, ny signi-
fication quelconque que l'article soit nouueau:
Il a fallu qu'il ny ait eu aucun moyen de pallier
& desguiser la nouueauté: & encores que l'article
ne leur ait point semblé trop opposé aux droicts
du Roy, pour leur faire dire qu'vn article estoit
nouueau: ils voudroient volontiers que tout le

monde creuſt, que tant & tant d'entrepriſes &
vſurpations nouuelles ſur les droicts du Roy ſont
articles de l'ancienne couſtume, encores qu'ils y
ſoient oppoſez directement.

Ceſte propoſition donc, qu'en l'ancienne couſtume la maiorité du frere aiſné empeſche le puiſné mineur de vingt ans, de tomber en garde, n'eſt,
ſous correction, veritable.

Reſte a monſtrer que la concluſion eſt du tout
vitieuſe, ſçauoir, que quand ainſi ſeroit que la maiorité du frere aiſné ſeruiroit au puiſné (ce qui n'eſt
nullement en l'ancienne couſtume de Normandie) que pour cela l'exiſtence du pere ſeruit aux enfans; Et la raiſon de la difference eſt bien manifeſte,
car le pere eſt vne perſonne du tout eſtrange du
fief maternel, voire tellement eſtrange en Normandie, que quand il n'y auroit aucuns parens du
coſté maternel, neantmoins le pere n'y pourroit
ſucceder. Au contraire le frere aiſné eſtoit fondé
s'il euſt voulu, à prendre ce fief, & auant le partage eſt preſumé d'y auoir le plus grand droict. C'eſt
pourquoy entre le pere purement eſtranger de ce
fief, puis qu'il eſt venu du coſté maternel, & le frere aiſné deſcendu de la mere qui auoit le fief, il n'y a
analogie, ny ſimilitude quelconque, & partant
l'obiection eſt en tout & partout ſans apparence.

LE SEPTIESME ARGVMENT qu'on dit
tiré de l'ancienne couſtume eſt fondé ſur ce qu'on
dit que le ſeigneur qui ioüit du droict de garde, eſt
au lieu des enfans. Or les enfans, dit-on, doiuent
au pere le droict de viduité, & conſequemment

le Seigneur le leur doit.

Quant à la premiere proposition, sçauoir, que le seigneur soit au lieu des enfans, i'ay monstré le contraire cy deuant en respondant au troisiesme argument : le seigneur n'est au lieu de personne que de luy mesme: Il met sa main sur ce qui luy appartient directement, & l'y appose par l'ouuerture qui est faite au droict de garde, à cause de la minorité de son vassal : Il n'est obligé a chose quelconque par l'ancienne coustume sinon a entretenir les edifices & heritages en bon estat, & a conseruer entiere la substance du fief duquel il iouït, si ce n'est que les enfans veulent mettre tout leur bien en quelque lieu qu'il soit, & de quelque nature qu'il puisse estre, en la garde de leur seigneur, auquel cas il est tenu de les nourrir. Et s'ils ne laissent en la garde du seigneur que le fief impartable releuant de luy, le seigneur n'est tenu à chose quelconque, sinon a entretenir les heritages & edifices en bon estat. Cela est monstré par la conjonction des articles neufiesme & dixseptiesme, du chapitre trente troisiesme de l'ancienne coustume.

Pour le regard de la seconde proposition, sçauoir, que les enfans doiuent le droict de viduité au pere, cela n'est point, souz correction: Car puis qu'ils sont tombez en garde, ils ne peuuent deuoir le droict de viduité, estant impossible par nature, que deux puissent auoir le droict d'vsufruict *in solidum* sur vne mesme chose, *non magis quàm tu sedere in loco in quo sedeo*, & faut necessairement que l'vn soit preferé à l'autre: La controuerse va donc entre le seigneur & le pere, pour sçauoir qui l'emportera des deux, & tátost ie monstreray facilement & par raisons inexpugnables, que le seigneur doit estre preferé au pere : Mais de dire que des enfans qui sont en garde puissent deuoir à leur pere vn droict de viduité, c'est chose sous correction absurde, & qui ne peut tomber en bonne & saine ratiocination : & partant la conclusion demeure aussi sans aucune apparence, *scilicet*, que le seigneur doit au pere le droict de viduité.

Mais pour monstrer éuidemment le vice de l'argument, il le faut conuertir, & dire auec beaucoup plus de raison, *le pere* est au lieu des enfans, cela est sans doute, & qu'il doit toutes les charges qui concernent les enfans. Or les enfans doiuent le droict de garde à leur seigneur, & consequemment le pere doit le droict de garde au seigneur.

Ny l'vn, ny l'aure des argumens n'est bon : car il faut que l'vn soit exclus par l'autre, ainsi que l'ay dit, & non pas qu'vn vsufruict doiue vn vsufruict. Mais s'il y auoit de l'apparence en telle forme d'argumenter, elle seroit cent fois plus forte de nostre part que de la leur.

1. lieu de Froissart.

LE HVICTIESME ARGVMENT est tiré d'vn lieu de Froissart au volume second, chapitre vnziesme & treiziesme, où il parle du mauuais Roy de Nauarre, qu'il dit n'auoir esté digne de tenir heritage au Royaume de France, *En l'ombre de ces enfans*, & sur cela auec l'aduis de Maistre René Chopin on veut tirer argument, qu'il eust eu droit de viduité sur ses enfans, *nisi ob delictum eo iure priuatus fuisset*.

Cecy a beſoin d'explication. Premierement &
auant toutes choſes, il faut remarquer queFroiſſart
a eſté neceſſairement mal informé de la verité de
l'Hiſtoire, laquelle auant que ie repreſente, & à fin
auſſi qu'il ne ſemble que pour ſeruir à ma cauſe
i'apporte quelque choſe qui ne ſoit point: ie com-
menceray par la lecture d'vne annotation de Denys Sauuage, ſur l'endroit qui concerne ce point
au chapitre treizieſme du ſecond volume de Froiſſart, voicy les mots:*Il a bien dit le ſemblable de tout cecy au chapitre vnzieſme de ce preſent volume, mais ie
confeſſe n'en entendre bien la raiſon : Car le Roy de Nauarre de pere en fils eſtoit droit heritier de la Comté d'E-
urex, & ne vois point comment ſes enfans y euſſent droict
par mere.*

L'hiſtoire eſt notoire que Ieanne fille vnicque
du Roy Louys Hutin apres le decez de ſon pere &
de ſes deux oncles paternels ſucceſſiuement Roys,
Philippes le Long & Charles le Bel, ſe trouuant
ſeule reſtâte de la ligne de Ieanne Royne de Nauarre femme de Philippes le Bel, fut recognuë Royne
de Nauarre, & mariee auec vn Prince de la maiſon
de Fráce, qui fut Philippes d'Eureux:Lequel à cauſe de ſa femme fut le dixſeptieſme Roy de Nauarre
ſage & vaillant Prince, qui paſſa toute ſa vie à faire
la guerre en Eſpagne côtre les meſcreans , & mourut en l'an mil trois cens quarante trois , au ſiege
qu'il tenoit deuant l'Argeſile en Grenade,

Leur fils aiſné fut Charles premier du nom dixhuictieſme Roy de Nauarre, qui eſpouſa Madame
Ieanne de France fille du Roy Iean, & eurent deux

fils dont l'aifné fut auffi Roy de Nauarre.

C'eft de ce Charles dixhuictiefme Roy de Nauarre, & de fa femme fille du Roy Iean, & de leurs enfans nepueux de noftre Roy Charles le fage que parle Froiffart en cet endroit.

Or il ny a doute quelconque que le Comté d'Eureux appartenoit à ce Charles premier de ce nom, de par fon pere Philippes d'Eureux, qui auoit efpoufé l'heritiere de Nauarre, eftant luy Côte d'Eureux. Cela fe void clairement dans toute noftre hiftoire, & notamment en du Tillet au recueil des Roys de France, leur Couronne & maifon, au chapitre de la branche d'Eureux, page cent foixante dixhuictiefme de la derniere impreffion: confequemment il eft impoffible de s'imaginer que Charles Roy de Nauarre euft peu iouïr par droict de viduité du Comté d'Eureux, puis qu'il luy appartenoit de fon propre, & du bien de Philippes d'Eureux fon pere: perfonne ne peut auoir vn vfufruict en fa chofe. Or le chapitre vnziéme de ce mefme fecond volume de Froiffart môftre qu'il eftoit queftion du Côté d'Eureux, voicy les mots: *Apres le trefpaffement de la Royne de France, trefpaffa la Royne de Nauarre fœur germaine du Roy de France, & cefte Royne de Nauarre morte, murmurations s'efleuerent entre les fages & couftumiers de la Comté d'Eureux qui fied en Normandie. Si difoient qu'elle eftoit par droite hoirye de la fucceffion de leur mere reuenuë aux enfans du Roy de Nauarre qui eftoient feparez de luy deffous aages, & au gouuernement du Roy Charles leur oncle.* Il faut neceffairement que Froiffart qui n'e-

ſtoit pas Iuriſconſulte, & qui eſcriuoit des choſes
dont la memoire commançoit à ſe paſſer, ainſi que
monſtrent les deux autres volumes qu'il compoſa
depuis, ſe ſoit du tout abuſé, en diſant que le Comté d'Eureux eſtoit venu aux enfans de Charles dixhuictieſme Roy de Nauarre par la ſucceſſion de
leur mere : ce qui eſt du tout impoſſible, puis que
c'eſtoit le bien de leur pere qui viuoit, & qui l'auoit
recuilly de la ſucceſſion de Philippes d'Eureux ſon
pere. A quoy Mᵉ René Choppin qui, (comme ſa bi-
bliotecque l'a monſtré apres ſon deceds) ſe ſeruant
des vieils liures qu'il auoit eus en ſa premiere ieun-
neſſe ſans ſe ſoucier des nouuelles impreſſions, n'a-
uoit veu ceſte annotation de Denys Sauuage, &
comme le bon Homere dormoit quelquefois, n'a-
uoit pris garde, ains s'eſtoit perſuadé que quand
Froiſſart trois lignes apres auoir parlé de l'ombre
de ſes enfans il l'auoit entendu d'vn droict de viduité : mais cela eſt auſſi eſloigné de verité (ſous
correction) que ce qu'auoit dit Froiſſart, que le Côte d'Eureux venoit de la mere deſdits enfans. L'vmbre
bre des enfans en cet endroit ſignifie la faueur des
enfans que le Roy Charles cinquieſme leur oncle aymoit & cheriſſoit tendrement : Iamais ce
mot d'vmbre ne ſignifia le droit de viduité, mais
bien ſignifie il fort proprement faueur, *Je ſeray
ſous voſtre vmbre, Sub vmbra alarum tuarum.*

Que s'il ſe trouuoit dans les Chartres du Roy
que Madame Ieanne fille du Roy Iean euſt eſté
mariee auec des terres en Normandie, le chapitre
treizieſme monſtreroit éuidemment que le Roy

en deuoit ioüir à cauſe du droict de garde, nonob-
ſtant la viduité du pere : Car voicy les mots de
Froiſſart: *Propoſoient que l'heritage des enfans du Roy
de Nauarre qui leur venoit de par leur mere leur eſtoit
eſcheu, & que le Roy de France leur oncle par la ſuccef-
ſion de ſa ſœur en deuoit auoir pour & au nom de ſes en-
fans la main garnie, & deuoit eſtre toute la terre que le
Roy de Nauarre tenoit en Normandie rapportee* EN LA
MAIN DV ROY DE FRANCE, TANT QVE SES
NEPVEVX SEROIENT EN AAGE: DE TOVTES
CES CHOSES SE DOVTOIT BIEN LE ROY DE
NAVARRE, CAR IL SCAVOIT MOVLT LES
VSAGES ET COVSTVMES DE FRANCE.
Comment eſt-il poſſible d'interpreter ces mots,
ſinon du droict de garde conforme aux vſages, & à
ceſte couſtume ancienne de Normandie?

Qui ne void que telles parolles ne ſe peuuent
rapporter à delict ny a crime quelcóque? Si Froiſſart eut voulu en cet endroit parler de crime & delict, il n'euſt pas dit, qu'il ſçauoit bien les vſages &
couſtumes: il euſt dit, Il ſçauoit bien les maux qu'il
auoit faits, leſquels poumoient empeſcher la gratiffication enuers luy, de laquelle le Roy euſt autrement vſé, ſelon qu'il eſt vray ſemblable. Car ſi le
Roy de Nauarre beau frere du Roy Charles le Sa-
ge euſt eſté tel qu'il deuoit eſtre, il n'y a point d'apparence que le Roy euſt voulu ioüir du droict de
garde ſur le bien maternel des enfans du Roy de
Nauarre ſon beau frere: ains eſt vray ſéblable qu'il
l'en euſt gratifié: Mais s'eſtant comporté comme il

auoit

auoit fait, le ʀoy n'eſtoit en rien obligé de relaſcher aucune choſe de ce qui luy appartenoit.

Bel exemple pour monſtrer qu'encores qu'ordinairement nos ʀoys donnent le droiƈ de garde, neantmoins il ſe peut ſouuent preſenter des occaſions d'vſer de leur droiƈ ſans le relaſcher : au lieu que ſi la couſtume de Normandie demeure comme elle eſt, les ſeigneurs n'ont que faire de la gratiffication du ʀoy, eſtans preferez par le droit de viduité : & dauantage par contraƈts de conſtitution on pourra ruïner toutes les gardes, d'ailleurs affoiblies du tout, par cet article cent quatre vingts ſeize de la nouuelle couſtume.

Auant que de finir ce point, il eſt bien a propos de monſtrer que cet erreur de Froiſſart auoit fait faillir le doƈte Choppin : Car ceſſant iceluy, voicy comme il parle ſur le point que nous traittons, qui eſt de ſçauoir ſi le droit de garde ſera preferé au pere qui allegue le droit de viduité, *Equidem Normanici proceres illuſtriores precariam à rege ſumant impuberum filiorum ſuorum cuſtodiam, alioquin Neuſtriæ ducis illius propriam,* C'eſt au liure troiſieſme, *De domanio tit. 19. n. 9.* il ne dit pas *Normanicæ proceres,* il dit *Normanici,* pour monſtrer que les peres ne ſont non plus preferez au ʀoy que les meres. Il ne ſe contante pas de dire que les grands de Normandie demandent en don le droiƈ de garde, mais il adiouſte ces mots qui emportét tout, *alioquin Neuſtriæ Ducis illius propriam,* voila donques le droiƈ de viduité clairement & manifeſtement poſtpoſé au droiƈ de garde, & cela ne peut receuoir cauillation quelconque. L

L'aduis de Choppin pour le droiƈ de garde.

LE NEVFIESME ARGVMENT de l'Ad-
uocat de Monfieur le Prince eft tiré d'vn autre lieu
de Froiffart, qui eft au quatriefme volume, chapitre quatre vingt dixiefme, où il parle de la mort du
Duc Cloceftre qui fut eftouffé par des Anglois,
laiffant fa veufue & vn fils qu'il appelle l'heritier,
& deux filles; & adioufte ces mots: *L'ordonnance eft
en Angleterre que le Roy à en garde tous heritages d'enfans qui demeurent orphelins de pere deffous l'aage de
vingt & vn an, & puis leur font rendus leurs heritages.*
Surquoy on côclud qu'en Angleterre les orphelins
de mere ne font point en garde, & confequemment qu'ils n'y doiuét point tôber en Normandie.

A quoy la refponfe eft facile. *Primà, que* Froiffart parle felon la matiere qui fe prefentoit; car en
enfant auoit encores fa mere: C'eft pourquoy il dit
que le Roy d'Angleterre ioüift du bien des orphelins de pere : il ne dit pas qu'il ne ioüit point du
bien des orphelins de mere.

Mais imaginons nous que la loy foit telle en
Angleterre, fçauoir, que leur Roy ne ioüit point du
bien des orphelins de mere feulement.

Ce feroit vne loy toute differente de celle de
Normandie : car on ne doute point qu'en Normandie le Roy ne ioüiffe du fief de fon vaffal mineur, bien qu'il ait fon pere, s'il eft remarié : Le de-
bat n'eft donc qu'entre le droict de garde, & le
droict de viduité : ceffant la viduité, le droict de
garde demeure fans controuerfe, bien que l'enfant
ait fon pere s'il eft remarié.

Cela n'eft nullement conforme à la couftume

d’Angleterre, telle qu’on la suppose par ce lieu de
Froissart, *scilicet*, d’autant que par la couſtume
d’Angleterre l’exiſtence du pere, bien que remarié
excluroit le Roy d’Angleterre, puis que ſon droiĉt
ne doit auoir lieu que ſur les biens des orphelins
de pere :

Ce qui monſtre combien eſt (ſous correĉtion)
contraire à la verité ce qu’on a voulu dire, que la
loy d’Angleterre eſtoit conforme à celle de Normandie, d’où elle auoit eſté portee en Angleterre
par Guillaume le conquerant.

Ce qui eſt auſſi eſloigné du tout de la verité de
l’hiſtoire : car le droiĉt de garde ou warde n’a eſté
introduit en Angleterre que ſous Henry troiſieſme, entre lequel & Guillaume le conquerant, il y
auoit eu ſix Roys, & plus de cent cinquante ans:
voicy les mots de Polydore Virgile, liure ſeizieſ-
me, pag. 292. *ſous Henry troiſieſme*, *At Henricus qui
auitam regnum ciuili bello, ac diſſenſionibus vaſtatum,
opibus ſpoliatum atque propè confeĉtum, paulo ante ade-
ptus erat, cum rei domeſticæ inopia preſſus non poſſet, ſine
auxilio ſuorum Aſiaticum bellum inuare vitamque rega-
lem decenter gerere, Principes, exaĉto prius tributo, pro eo
bello gerendo: poſtea EXCOGITATIO NOVÓ VE-
CTIGALIS GENERE, vt pro ſua quiſque parte
regem ſuum ea indulgentia l’euaret, VLTRO CON-
CESSERVNT, vt quoties quiſpiam eorum qui poſſeſ-
ſiones haberet, quarum rex eſſet dominus, ante moreretur
quam liberi quos feciſſet viceſimũ alterum agerēt annum,
tum eatenus tam ipſe hæres quàm patrimoniũ in poteſtate
atque tutela regis foret, & ille patrimonij huiuſmodi VE-*

CTIGALIA *caperet quoad hæres ad eã ætate peruenerit.*

Tant s'en faut que le droict des gardes de Normandie ait esté porté de Normandie en Angleterre par Guillaume le Conquerãt, qu'aucontraire six regnes s'estoiét passez, & ià la Normãdie auoit esté conquise par le ROY Philippes Auguste sur les Anglois & sur leur ROY Ieã sans Terre, lors que ce droit fut introduit en Angleterre, *Nouo vectigalis genere.*

Guillaume le Conquerant.

Aussi seroit-ce s'abuser de croire que Guillaume Duc de Normãdie fut paruenu à la ROYAUTÉ d'Angleterre par le seul droit de l'espee: Car il est notoire qu'il auoit esté choisi & institué pour heritier & successeur par le ROY Edouart qui n'auoit point d'enfans, ny de proches parés, & qui pour les grandes vertus de Guillaume, & les aydes & faueur qu'il auoit receuës de luy en ses afflictions l'auoit de son viuant mesme fait recognoistre pour son successeur par les Anglois. Mais HERALT se fit couronner par ceux de Londres : Guillaume passa la mer, le vinquit & le tua: & le iour de Noël mil soixante sept fut couronné ROY d'Angleterre comme Prince legitime, qui regna sur eux selon les anciennes loix du pays, sans les changer sinon pour quelques formes iudiciaires, dont ils estoient infiniement rudes. Ce ne fut pas vne innondation & conqueste comme celle des François, des Anglois, des Normãs, mais vne adoption & alliance sans changer le nom, ny les loix,

Ne vetus indigenas nomen mutare Latinos,
Neu Troas fieri iubeas Teucrosque vocari.

Il nous ont bien fait cognoistre depuis qu'ils

eſtoient mauuais François. Mais pour venir au droict de garde dont il eſt queſtion, il fut ignoré en Angleterre iuſques au temps de Henry troiſieſme: Entre lequel & Guillaume, il y eut Guillaume ſecond, Henry premier, Eſtienne, Henry ſecond, Richard premier, & Iean ſans Terre, qui perdit la Normandie.

Les Anglois donc pour ſecourir leur Roy Henry troiſieſme en ſes neceſſités, ont impoſé ſur eux tels aides que bon leur a ſemblé: ils luy ont donné telle forme & telle condition qu'ils ont voulu: Cela n'a rien du tout de commun auec le droit de garde de Normandie, qui y eſt auſſi ancien que la conceſſion faicte aux Normands de la Neuſtrie.

Les Anglois ſont auiourd'huy nos alliez & bons amis: mais en tous ces temps là, & pluſieurs ſiecles depuis, ils eſtoient les ennemis iurez de ceſte Couronne, tels appellez par les Edits & lettres patentes de nos Rois: Quelle apparence de prendre la loy de ſes ennemis, & que nos Rois & leurs grands Barons reglent leurs gardes en Normandie ſelon qu'il aura pleu aux Anglois, longues annees apres de les accorder à leurs Rois? Les Monarques de la fleur de lys ont accouſtumé de donner la loy & non de la prendre. Quelle apparence, que ſi la loy d'Angleterre faicte apres des ſiecles entiers n'a lieu que pour les orphelins de pere, qu'on aille adjouſter à la Couſtume de Normãdie ce mot DE PERE apres celuy d'orphelin, au lieu qu'elle s'entend de pere ou de mere, ſelon les biés dont il eſt queſtion? Mariage de feu Mõſieur.

Quant à ce qu'on a parlé des articles de maria-

L iij

ge d'entre feu Monſieur & la defunſte *Royne*
d'Angleterre : Premierement, iamais ils ne furent
ſignez: *Secundò*, elle eſtoit comme hors d'aage d'a-
uoir enfans: *Tertiò*, il n'y a point de ſeigneur de fief
par deſſus la *Royauté* pour tenir l'heritage en garde pendant la minorité des proprietaires, & conſequemment, qui peut mieux adminiſtrer que le pere: *Quartò*, c'eſtoit par conuention expreſſe, & encores iuſques à dixhuiſt ans ſeulement, pour le
maſle, & quinze ans pour la fille : & en tout cela
du droit de viduité il n'y a vn ſeul mot : ioinſt que
l'Angleterre & la Normandie n'ont rien de ſemblable, comme ie le viens de monſtrer.

LE DIXIESME argument eſt pris de ce
qu'on dit que le droiſt de deport de minorité a eſté
oſté en Anjou & au Mayne, dont on conclueroit
volontiers, qu'il faut abolir le droit de garde en
Normandie: Mais la reſpóſe eſt fort facile, ſcauoir,
que la Cour ne penſa iamais à oſter ny affoiblir en
rien le droit de deport. La queſtion ſeule a eſté de
ſcauoir s'il auoit lieu, lors qu'au commencement il
y a eu vn bail du mineur accepté par le pere, la mere, l'ayeul ou l'ayeulle, & qu'apres par le mariage
ou deceds de celuy qui auoit le bail on a creé vn
tuteur, qui n'eſtoit point du nombre des aſcen-
dans : Car d'vn coſté il ſembloit que la condition
ſous laquelle le deport eſtoit donné par la couſtume, ſcauoir, quand il n'y a point d'aſcendant qui
prene le bail, auoit defailly : & d'autre part il ſembloit que la raiſon du deport ne ceſſoit point, &
ſur cela y a eu arreſt au proffit de monſieur le Duc

de Mayenne pour le droict de deport contre Yuonne Leporé, du vingtroisiesme Iuing de l'an cinq cés quatre vingt vn; & depuis le dixiesme Mars quatre vingt huict, moy plaidant contre Besnard, le Seigneur le gaigna par prouision: Et en six cens cinq la Cour ayant veu ces deux Arrests & autres semblables, & d'autrepart ayans esté produicts des arrests portans qu'il seroit informé par turbes, ausquels estoit respondu que la Cour les auoit donnez sur des pretendus vsages locaux, conformes à celuy de la Ferté Besnard, En fin sur les raisons de part & d'autre, auec grande cognoissance de cause en la cinquiesme Chambre, au rapport de monsieur de Grieu fut donné arrest entre René de Froulay, Leon le Tillon & messire Vrbain de la Valtureur des enfans de messire Claude du Breuil, par lequel le droict de deport de minorité est confirmé.

Dont il s'ensuit qu'il faut changer les mots de la conclusion de cet argument, d'ailleurs nullement considerable, & mettre l'affirmatiue au lieu de la negatiue.

Et quant a ce qu'on dit que le feu Roy Henry III. feit grace du droit de deport au Roy Henry le Grand lors Roy de Nauarre, tant s'en faut que cela nuise, qu'aucontraire ceste exception & priuillege particulier confirme de plus en plus la loy & regle generale.

L'ONSIESME ARGVMENT est fondé sur Le droict de garde cháge en Bretagne ce qu'on dit, qu'autrefois ce droit de garde auoit lieu en Bretagne, & que Pierre Mauclerc (ainsi l'ap-

pelle l'Aduocat de monſieur le Prince contre ce
qui ſe doit faire ceans) & ſon fils furent contrainⱽts
par S. Loys de l'oſter.

Il eſt neceſſaire de repreſenter' ceſte hiſtoire ſelon la verité: elle eſt brefue, & qui ſert grandement
à ma cauſe.

*Pierre de Dreux Prince iſſu de la Maiſon de France,
ayant eſpouſé Alix heritiere de Bretaigne, il ſe trouua
des mutins des deſireux de choſes nouuelles qui demande-
rent le changement du droit de garde: il leur feit reſponſe
qu'il perdroit pluſtoſt ſon Eſtat & ſa vie que de permettre
que les droicts du Duché paſſaſſent plus foibles à ſes enfans que ſa femme les auoit euz de ſes anceſtres.*

*Sur cela ils ſe iettent aux champs: font vne grande ar-
mee de Bretons, Angeuins, & Manceaux:*

*Dont le Duc aduerty, aſſemble incontinent ſes Grands
& fidelles vaſſaux intereſſez auec luy, à la conſeruation
de cet ancien droit, & ſans marchander va chocquer ces
rebelles ſi rudement prés de Chaſteaubryant, qu'il leur paſſa à tous ſur le ventre: reſſentant ceſte hardieſſe, (dit l'hiſtoire) la generoſité de la Maiſon de France, dont il eſtoit
iſſu. Comme de verité qu'on liſe toutes les hiſtoires qui furent iamais, il ne ſe trouuera point que depuis que le monde eſt creé, aucune famile ait porté la quatrieſme partie des vaillans Guerriers, des Princes courageux & des
excellens Capitaines qu'a fait la maiſon de France, qui regne heureuſement ſur nous.*

*Iean le Roux fut ſucceſſeur de l'Eſtat de Bretagne,
mais non de la prudence, ny du courage de ſon pere: & ſe
laiſſa perſuader de changer ce droict de garde en des reliefs. Qu'en aduint-il? La ruyne de la grandeur de la maiſon de*

son de Bretagne: Car leurs furieuses & intestines guerres ciuiles ayans depuis faict mourir les chefs des maisons,
qui se trouuoient reduittes à des pupilles & soubs aages,
desquelles les tuteurs estoient obligez de faire proffiter le
reuenu: Les braues & vaillans Cheualiers, & les aduan-
turiers qui de tous costez auoient accoustumé de les venir
seruir lors qu'ils estoient richemēts appointez sur les fruicts
des gardes, ne venans plus en leurs armees : le particulier estant riche, & le public pauure (qui est la peste des
Estats) ils furent reduicts a tel poinct que nous en eusmes
bon marché en la iournee de sainct Aulbin du Cormier,
qui fut cause du mariage, lequel a acquis pour iamais les
hermynes aux fleurs de Lys :

Ce sont ces fautes d'autruy, dont il faut faire son proffit, & non pas les imiter par contagion & mauuais
exemple.

C'est chose estrange, que l'Aduocat de Monsieur le Prince se soit laissé porter iusques là, pour
seruir à son intention, de dire que le Roy sainct
Louys ait fait abolir ce droict de garde en Bretaigne, dont neantmoins il ne scauroit monstrer ny
alleguer histoire, ny Chronique quelconque imprimee, ny autre, comme aussi c'est chose impossible: Car le Roy sainct Louys mourut de peste
deuant Thunes, en l'an mil deux cens soixante dix:
Et ce changement de garde en relief est daté de
Nantes, le samedy deuant sainct Hilaire, en l'an
mil deux cens soixante quinze, imprimé dans
l'histoire d'Argentré, en la page 250.

Aussi comment se pourroit on imaginer que ce
bon, iuste, pieux & sainct Roy eust voulu donner

autre conseil à son vassal, & à son proche parent,
que celuy qu'il prenoit pour luy mesme. Il conser
uoit si soigneusement ses gardes de Normandie,
conquise par son ayeul, sans les laisser en rien af
foiblir: Pourquoy eust-il conseillé son cousin de
faire le contraire?

Que si sainct Louys, ainsi qu'on l'a voulu dire,
auoit imposé ceste peine au Duc de Bretaigne à
cause de sa rebellion, comme de faict au commencement, Pierre de Dreux s'oublia de son debuoir
enuers sa Maiesté: ce qui fut incontinent apres ac
commodé, & la foy & hommage faict, & puis sui
uit le Roy en son grand, long, & tant perilleux
voyage d'outre mer: Mais tant y a, prenons ceste
fable telle conuaincue par les dattes, prenons là,
dis-ie, tout ainsi qu'on l'a voulu feindre, & selon les
couleurs qu'ó y a apportees, sçauoir, que le Duc de
Bretaigne auoit manqué à son debuoir, & que le
Roy luy auoit osté le droict de garde: Qui a iamais ouy proposer, de suiure à son dommage la
loy qu'on a imposé à son ennemi vaincu?

Imaginons nous que S. Loys pour affoiblir la
maison de Bretaigne, qui a esté long temps vne
grande espine au pied, vne grande paille en l'œil de
ceste Couronne, luy ait osté le droict de garde, &
l'ait fait changer en relief: Qui sera iamais si mauuais conseiller, que de vouloir persuader à sa Maiesté de faire le semblable en Normandie?

Mais on dira qu'il n'est pas question de cela, ains
seulement de la preference du droict de viduité: A
quoy ie responds que s'il n'estoit pas question de

cela, il ne falloit point alleguer tels exemples, &
moins encores les remplir de songes, afin de les au-
ctoriser du nom, & de la pieté de sainct Louys : Il
ne falloit point par tout le discours de ceste cause s'efforcer de rendre odieux, & consequemment
subiect à retranchement ce droict de garde, comme on a faict à desseing, pour faire paroistre plus
tolerables les entreprinses, & les vsurpations ma-
nifestes qu'on y a voulu faire par la reformation,
ou plustost difformation de la Coustume de Normandie.

LE DOVSIESME ET DERNIER ARGV-
MENT qu'on a voulu apporter de l'ancienne coustume est fondé sur ce qu'on dit, qu'en la question
qui se presente, il faut considerer que le pere estoit
desia vassal à cause de sa femme, & consequemment qu'il est fauorable qu'il continue la iouyssan-
ce du fief : A quoy la response est facile, scauoir,
que cela n'est fondé sur aucuns articles, ny paroles
de l'ancienne Coustume. Et quant à ceste consideration, elle sera aisément destruicte en vn mot, scauoir, que si le pere est vaillant homme, & qui ait
besoing de reuenu, le seigneur qui s'en voudra
seruir, le luy pourra liberalemēt cōceder & donner
à sa volonté : Si au contraire il est d'ailleurs fort riche, ou qu'il soit mal propre à la guerre, ou aymant
son repos, & comme on dict communement, qu'il
soit casanier, en ce cas le Seigneur donnera ce reuenu à quelque braue escuyer, qui au iour d'vne
sanglante bataille le pourra retirer de dessous son
cheual tué, & le remonter sur vn autre, luy conser-

Respõce à ce qu'õ dict que le pere est desia vassal.

uant par ce moyen la vie.

Bref puis que l'enfant proprietaire du fief est incapable de seruir son seigneur aux armees, à cause de sa foiblesse, il est trop iuste que le seigneur choisisse vn homme, soit le pere de l'enfant, soit vn autre, qui tienne sa place & luy rende le seruice militaire auquel le fief est obligé, & pour lequel il a esté donné.

On a fait vn TREISIESME ARGVMENT *Clause du partage.* fondé sur vne clause du partage de soixante six, qui porte, que si Madamoyselle la Marquise d'Isle, qui fut depuis Madame la Princesse de Condé, vendoit ces baronyes, il n'en seroit point deub de treiziesme : d'où on veut conclure que les terres estans venues entre les mains d'vne soubz-aagee, ne debuoyent point tomber en garde. Mais pour refuter cet argument il ne faut que le proposer, tant il est foible : Car on sçait qu'en matiere de contracts il ne se faict point d'extension de cas à cas : On l'a stipulé pour l'vn, & non pour l'autre : Et d'auantage, si Madame la Princesse eust vendu ces Baronyes, Madame de Guyse les pouuoit retirer, tant par retraict lignager que par retraict feodal ; & par toute raison de bon mesnage elle le debuoit ainsi faire, tant elles luy estoient commodes & duisantes : Auquel cas elle ne pouuoit pas prendre droict seigneurial sur elle mesme.

En ces treize argumens cósistent tous les moyés de monsieur le Prince, par lesquels il a voulu monstrer que l'arrest de Septébre soixante dixsept, n'a-

uoit esté donné conformement à l'ancienne coustume de Normandie,& au partage: Mais les grandes , fortes & puissantes raisons que iay appor- «
tees contre chacun d'iceux sont , sous corre- «
ction, cognoistre combien on s'abuse quand on «
pense par des discours élegans & colorez renuer- «
ser les decisions faites par tant de grands esprits «
remplis de toutes sortes d'erudition , de doctrine «
& de probité: Cóme de verité ceste grande Cham- «
bre a esté de tout temps composée d'excellés per- «
sonnages : mais si iamais elle a grandement fleury, «
si iamais elle a esté la plus forte cópagnie du mon- «
de , ç'à esté au temps que ce iuste & tres notable «
arrest de soixante dixsept fut donné. «

Son texte remarque expressément,que la Coustume de Normandie , qui estoit lors l'ancienne, auoit esté produite de part & d'autre : On peut
estimer si elle fut curieusement leüe & consideree
de pres , & si tout ce qui pouuoit seruir de part &
d'autre,fut attentiuement pesé & balancé:La qualité des parties , la consequence de l'arrest , qui faisoit vne tres-notable decision : Le soin extreme
que ce grand Parlement à tousiours eu de l'hon-
neur de ses oracles , ne peut faire presumer autre
chose sinon , qu'on y apporta tout ce qui se pouuoit imaginer pour bien iuger : Mais la lecture de
l'arrest le fait encores cognoistre si manifestement
que *nefas esset* d'en douter:Car on y voit ce que i'ay
desia remarqué de la curieuse recherche, tant des
registres des greffes que des tiltres, cóptes, acquits,
liaces de la Chambre de Normádie, l'vne de celles

La curieu-
se recher-
che faite
en laChā-
bre des
Comptes
en soixan-
te dixsept.

de la Chambre des Comptes de Paris. On le voit
dis-je exprimé en ces mots de l'arrest, *Apres que les
deux Conseillers en icelle Cour, & de son Ordonnance en
presence dudit Procureur general se seroient transportez
en ladite Chābre des Comptes, & veu les registres d'icelle
ouy leur rapport, & tout ce que par lesdites parties, &c.*

Et ce qui retranche nettement tout ce qu'on a
voulu feindre (sous correction, contre verité) que
la Cour ait deputé Messieurs de Vignolles & Perrot Conseillers, pour en presence de Monsieur le
Procureur general du Roy (qui doit tousiours assister en telles perquisitions) faire ceste recherche sur
autre sujet que celuy de la preference du droict de
garde à celuy de viduité.

C'est la requeste respondue par la Cour le vingt-
huitiesme Aoust soixante dix sept, qui contient ces
mots, *A Nosseigneurs de Parlement, Supplient hum-
blement les Duc & Duchesse de Guyse, Comte & Com-
tesse d'Eu Pairs de France, Comme pour esclaircir entie-
rement les differens pendans en ladite Cour, entre Monsieur le Cardinal de Bourbon tuteur de Madamoiselle de
Bourbon sa niepce, & lesdits supplians, il soit besoin
IVSTIFIER QVE LES GARDES NOBLES DE
NORMANDIE ONT ESTE DONNEES INDIFE-
REMMENT AVX PERES COMME AVX MERES:
Tellemēt qu'audit different le droit de VEFVETE pre-
tēdu par ledit sieur Cardinal, & mōsieur le Prince de Cōdé
son nepueu, NE POVROIT AVOIR LIEV, cōme il se ra veu
par les registres anciēs & noumeaux des gardes de Normā-
die, estant en la Chambre des Comptes. CE CONSIDE-
RE Nosseigneurs, & attendu que lesdits extraicts seroient*

trop longs a expedier & leuer, plaise à la Cour de depuer deux de Nosseigneurs pour voir lesdits registres estans en ladite Chambre & en faire leur rapport à la Cour, & vous ferez bien. Signé Vialet, & plus bas, Soit fait par Maistres Antoine de Vignolles, & Nicolas Perrot Conseillers du Roy, le Procureur general dudit sieur present. Faict en Parlement le vingthuictiesme Aoust, mil cinq cens soixante dixsept.

On a eu tort, sous correction, de vouloir ietter dans les esprits de la Cour des scrupules contre la foy de cette requeste: Car i'en ay, il y a plus de quinze iours, communicqué l'original qu'on à porté au Greffe & mostré aux anciens Clercs Maistres, Amable Marchant, Macé le Tellier, & aux deux Martins, qui tous ont dit qu'elle estoit respondue de la main de maistre Gabriel Brillet decedé il y a plus de vingt ans, & qu'elle estoit hors de toute suspicion Et ayāt esté aussi comuniquee aux anciens Procureurs, ils ont dit qu'elle estoit toute escrite de la main de Vialet Procureur qui l'auoit signee, lequel estoit decedé il y a dixneuf ans, sçauoir à la Toussainct, mil cinq cens quatre vingts douze, ainsi que l'a dit de Longmont son gendre. Bref, iamais piece ne fut plus certaine, ce qui a esté cause qu'on ne l'a osé attaquer: Et partant entre telles personnes, & de si éminente qualité on n'a point deu, sous correction, en parler comme d'vne piece de laquelle la foy fut douteuse sous pretexte qu'elle n'a esté signifiee: comme si telles requestes auoient accoustumé de l'estre: La Cour ne l'auoit pas ordonné & n'auoit garde de le faire: Ce seroit

contre le ſtil: Car quand il luy plaiſt d'informer ſa
religion ſur tels regiſtres & ſecrets de l'Empire, elle
n'a point beſoin de le communiquer aux partie:
cela ne fut iamais fait. Si la Cour veut prendre la peine d'aller lire de vieux parchemins en la
Chambre des Comptes, les parties ne luy ont elles
pas grande obligation? & à quel propos de leur
faire ſçauoir? Mais l'Aduocat de Monſieur le Prince
eſt à la verité aucunement excuſable de ſe cour-
roucer contre ceſte piece: Car elle le bleſſe grandement, & fait cognoiſtre que la Cour ayant fait ceſte ſi gráde & ſi exacte recherche, & recognu l'vſage & la forme dont on a vſé aux ſiecles paſſez, &
que le droict de garde, comme ſeigneurial, à touſiours eſté preferé au droit de viduité: Il eſt impoſſible, ſous correction, apres tout cela d'esbranler vn ſi celebre arreſt, ſous pretexte d'vne nouuelle
couſtume, laquelle eſtant comparee & cófrontee
auec ceſte deciſió de ſoixante dixſept, ne fait paroi-
ſtre autre choſe ſinon la grande playe qu'on s'eſt
efforcé de faire aux droicts du Roy, en ce point &
pluſieurs autres tres-importans, veu meſment que
la Cour ayant donné ſa deciſion adiouſte ces mots
cy deſſus rapportez, LE TOVT SVIVANT LA
COVSTVME DES LIEVX, *Si mieux le Cardinal,*
&c. Leſquelles paroles font cognoiſtre certainement & indubitablement, que la Cour à voulu
& entendu faire vne deciſion & iuger la theſe, ſçauoir, que le droit de garde eſtoit preferé au droict
de viduité.

Pour le regard de ce qu'on adiouſte en dernier
lieu

lieu côtre l'arreft de foixâte dixfept, qu'vn iugemét donné auec d'autres ne nuit point : il y a plufieurs refponfes : La premiere, que monfieur le Prince eft heritier de monfieur le Prince de Côdé fon pere, & de madamoifelle de Bourbon fa fœur, & a pris les deux qualitez par la requefte du feptiefme Feurier fix cens neuf, de laquelle il eft queftion. Or l'Arreft eft dóné auec Madamoifelle de Bourbon, c'eft dóc à dire, auec luy mefme, puis qu'il en eft heritier : Contre lequel arreft, ny elle, ny fes tuteurs, ny feu Monfieur le Prince fon pere, ny monfieur le Prince heritier de Madamoifelle fa fœur ne fe font iamais ozé pouruoir, ny par requefte ciuile, ny par propofition d'erreur, ny par requefte de caffation, ny autrement. Ils ont affez parlé, affez murmuré contre cet arreft, ainfi qu'on fait encores à prefent : mais de fe pouruoir contre, iamais ils ne l'ont ofé faire : Affez d'affemblees ont efté tenues fur ce fujet, affez de grandes confultations faites, voires depuis deux mois : mais on n'a encores iufques icy peu trouuer moyen pertinent pour s'oppofer de droict fil à l'authorité de cet arreft.

Secundò, comment cefte decifion ne demeure-roit elle pas entiere & en fa force en l'hypothefe qu'elle a efté donnee, veu qu'elle iuge toutes caufes femblables?

Car ne voyons nous pas tous les iours, que depuis que la Cour à folemnellement decidé vn different refultant de deux articles de couftume qui femblent contraires, qu'en toutes affaires femblables on a recours à telle decifion qui fert de loy,

dont la principalle vertu confiste à eftre touficurs
de mefme, *& cum omnibus vna eademque voce loqui.*

 Il y a grande difference entre vn procez iugé fur
diuers contracts, diuerfes conuentions, diuerfes
particularitez; & vn different iugé fur vne thefe, fur
vne queftion & point de droict refultant de la di-
uerfité qui femble eftre entre deux articles de couf-
ftume.

Au premier, le different iugé auec l'vn des cohé-
ritiers ne femble pas nuire neceffairement à l'autre.
Au dernier la decifion donnee, voire entre eftran-
gers nuict à tous ceux qui ont vn procez de mef-
mes: Et c'eft pourquoy chacun iour Meffieurs vont
demander aux Chambres, s'il n'y a point d'arreft
en cas femblable, à fin de le fuiure, & qu'on ne
voye point fortir s'il eft poffible du Parlement, des
decifions contraires les vnes aux autres.

Le Code de Iuftinian n'eft compofé que des ré-
ponfes & arrefts des Empereurs & de leur confeil
fur les differens particuliers qui fe prefentoient, qui
ont efté redigez en vn corps, diuifé par chapitres &
rubriques, à fin de feruir de regle pour iuger tous
differens en pareil cas. Que fi les decifions de Papinian, Paulus, Sceuola, & autres Iurifconfultes, fur
les faits particuliers s'obferuent en cas femblables,
à combien plus forte raifon doiuent eftre fuiuies
en France, & en ce Parlement les decifions fur le
point de droict dont nous vfons, donnees par la
grande Chambre du Senat de France, remplie de
plufieurs Paules, Sceuoles & Papinians?

Quant aux loix qu'on a alleguees, pour dire que

le iugement donné contre vn des heritiers, n'eſt
touſiours ſuiuy contre l'autre : elles ont leurs cas
particuliers, & ne ſeruent nullement au fait qui ſe
preſente. Car pour le regard de la loy, *ſi cum vno 22.*
D. de except. rei iud. ſon eſpece eſt que celuy a qui on
auoit depoſé vne choſe auoit laiſſé diuers heritiers,
deſquels l'vn auoit le depoſt, & les autres non : Le
iugement donné au profit de celuy qui ne l'auoit
point, ne profitera pas à celuy qui l'à : *perſonarum*
enim mutatio cum quibus ſingulis ſuo nomine agitur,
aliam atque aliam rem facit: Et de fait, la gloſe *in verbo*
agitur dit, *niſi vna fuit cauſa defenſionis, vt in l.ſi quis*
ſeparatim §. fin. de appellat. Le depoſitaire n'eſt tenu
que du dol, ſi le defunct n'en a point commis, &
que l'vn de ſes heritiers n'ait la choſe depoſee ny
laiſſé de l'auoir par fraude, il doit eſtre enuoyé ab-
ſouz : Mais le coheritier qui a le depoſt ſera condamné : *actionum quæ in perſonam ſunt, fere omnes rei*
perſequendæ cauſa comparatæ videntur, veluti commo-
dati, depoſiti dit Iuſtinian en ſes Inſtitutes. Il ny a
rien plus raiſonnable que cela : Il n'y a rien au contraire plus inique, que de vouloir faire iuger à la
Cour, qu'en l'ancienne couſtume de Normandie,
le droict de viduité doit eſtre preferé au droict de
garde, contre ce qu'elle a decidé ſi ſolemnellemét,
ſi expreſſement, & auec ſi grande cognoiſſance de
cauſe, par ſon arreſt de ſoixáte dixſept, & en la propre eſpece en laquelle nous ſommes.

Quant à la loy *Claudius Fælix D. qui potiores in*
pigno. elle eſt encores plus eſloignee de l'eſpece qui
ſe preſente, & n'en approche ny pres, ny loin. Elle

propofe trois creanciers hypothecaires d'vn deb-
teur, l'vn *puta* de l'annee foixante vn, l'autre de foixante deux , le troifiefme de foixante trois: Celuy
de foixante & vn, & celuy de foixâte trois plaident
enfemble & gaigna fa caufe. celuy de foixâte trois:
fouz ce pretexte il vouloit preceder celuy de foixante deux : A quoy il refpond, vous ne pouuez
auoir gaigné voftre caufe par voftre date, qui n'e-
ftoit que de foixante trois : Mais vous l'auez em-
portée, d'autant que vous auez monftré que l'obligation de foixante & vn n'eftoit pas valable: ou la
mienne de foixante deux eft bóne, & confequemment le gain de voftre caufe, contre ce premier
creancier, ne me peut en rien nuire, à moy fecond,
& qui neantmoins vous precedde en l'hypothec-
que: Voila l'efpece de cefte loy qui n'eft nullement
à propos de la caufe qui fe prefente, en laquelle on
void vn grand arreft decifif d'vn point de couftume, folemnellement donné auec toute la cognoiffance de caufe qui fe peut imaginer.

Le fieur
d'Attichi. Pour le regard de l'Arreft obtenu par le fieur
d'Attichy, il n'a, foubs correction, rien du tout de
commun auec ce qui fe prefente. La Royne Mar-
guerite auoit obtenu par defaut, vn arreft contre
le fieur Comte d'Auuergne: vn de Meffieurs va fur
les lieux pour l'executer. Pendant qu'il eft au pays,
il veut d'époffeder le fieur d'Attichy, qui plus
de trente ans auparauant fur lettres patentes du
feu Roy Henry III. veriffiées ceans, auoit acquis
de la Royne fa mere vne terre en Auuergne,
moyennát trente mil efcus payez en argent comp-
tant. Le fieur d'Attichy s'oppofe à cefte execu-

tion. Nonobſtant toutes oppoſitions & appellations, & quoy qu'il puiſſe dire, ny alleguer, il eſt
dépoſſedé. Il releue ſes appellations, & remonſtre
que le ſieur Comte d'Auuergne auoit perdu ſa
cauſe par deffault ſans ſe deffendre: Que ſon titre
eſtoit lucratif, poſterieur de pluſieurs annees à celui de luy ſieur d'Attichy tref-onereux:Que c'eſtoit
la premiere alienation faicte par la Royne mere
du Roy Henri III, Laquelle en tout cas tomboit
dans la legitime du Roy ſon fils, qui auoit conſen-
ti a ceſte alienation par lettres patentes veriffiées
ceans: & en fin qu'il n'auoit point deub eſtre dépoſſedé ſans auoir eſté condamné. Sur cela par arreſt, il eſt remis en ſa poſſeſſion. Qu'eſt-ce que cela a de commun auec l'affaire qui ſe preſente ? en
laquelle on veoid vn Arreſt donné auec toute la
cognoiſſance de cauſe qui ſe peut imaginer, ſur la
meſme queſtion de droit, ſur le meſme point de
Couſtume allegué par la fille qui ſouſtenoit n'e-
ſtre point orpheline, puis qu'elle auoit encores
Monſieur le Prince de Condé ſon pere viuant &
en viduité.

Si le droict de viduité euſt eſté preferable au
droict de garde, l'allegation en eſtoit trefbonne en
ſa bouche, d'autant que ce moyen euſt eſté exclu-
ſif du droict du demandeur, ſuiuant la loy *Paulus
reſpondit* §. *vlt. D. quibus modis pignus vel hypotheca
ſoluatur.* Elle diſoit : La Couſtume parle d'orphelins, Ie ne ſuis point orpheline:N'eſt ce pas la meſme choſe que plaide auiourd'huy l'Aduocat de
monſieur le Prince?Qui doubte dóc que ce moyen
eſtoit eſgallement fort en la bouche de Madamoi-

felle de Bourbon, & en celle de Monfieur le Prince fon pere? Imaginons nous qu'il foit vray qu'en
Normandie la garde n'ait point de lieu contre
les foubs aagez qui ont encores leur pere? Qui
doubte que fi le feigneur faifoit faifir le fief, le
foubs-aagé pourroit s'oppofer, appeller & fou-
ftenir la faifie nulle & tortionnaire, puis que par
vne telle couftume il ne pouuoit eftre faify, comme n'eftant orphelin, & que l'interuention du pere ne luy feroit point néceffaire? Figurons nous
que le droict de viduité deuft eftre preferé au
droict de garde: Qui doute que l'enfant qui a
fon pere en viduité, pourroit dire au Seigneur,
Vous n'auez point de droict de faifir mó fief, puis
que i'ay mon pere en viduité: Si mon pere en
ioüir, ou me donner fon droict, *nihil ad te, Quin ad
te liberas ædes habeo*, ainfi que dit le Iurifconfulte en
la loy, *Loci corpus §. pen. fi feruitus vindicetur*, & le
fommaire de la loy derniere, *C. de rei vindi. non qu[a]-
ramus de iure poffefforis*, fi non conftet de iure petitorie.
Tout faififfant eft demãdeur: Il me fuffit de mon-
ftrer que vous auez tort de faifir, & que le droict
de mon pere eft preferable au voftre, & confequé-
ment que ie ne fuis point en voftre garde. Il n'y a,
foubs correction, doubte quelconque, que fi la
Cour n'euft trouué que tout au contraire de ce
que difoit Madamoifelle de Bourbon, le droict de
garde deuoit eftre preferé au droict de viduité, que
fans aucune difficulté, elle euft gaigné fa caufe,
fans qu'elle euft eu aucun befoing de l'interuention de monfieur le Prince fon pere: Auffi eft-il fa-

cile à cognoiftre par la lecture de l'Arreft, que la
Cour a iugé la queftion au fonds: Car elle dict que
le Duc de Guyfe Comte d'Eu, percepura les fruits
de ces Baronies, tout ainfi que le *Roy* perceuroit
ceux du Comté d'Eu, s'il eftoit tombé en garde:
D'auantage elle adioufte, LE TOVT SVIVANT
LA COVSTVME DES LIEVX : Elle adioufte
encores, *Si mieux le Cardinal tuteur n'ayme entretenir
l'accord de Sainct Germain*, par le moyen duquel
ces Baronies n'appartenoient plus à Madamoy-
felles de Bourbon: defquels termes elle n'euft iamais vfé fi elle euft faict gaigner la caufe à feu
Monfieur de Guyfe par le defaut de l'interuétion
de Monfieur le Prince de Condé, *imo vero* en ce
cas elle euft expreffémét referué le droict de Monfieur le Prince : Ce qu'elle n'a nullement faict, ny
chofe qui en approche.

De tout ce que i'ay dit s'enfuit, que l'arreft de
foixante dixfept, a iugé ce different fi expreffe-
ment, qu'on ne fcauroit iamais trouuer moyen de
venir au contraire.

Mais pour faire cognoiftre de plus en plus l'exu-
berance du bon droict de ma partie, Imaginons
nous qu'il n'y ait iamais eu d'arreft, & que la caufe
foit toute entiere: En ce cas ayant refpondu à tous
les arguments qu'on a voulu tirer de l'ancienne
Couftume, ie monftrerois deux chofes : Premierement, que iamais l'intétion de cefte vieille Couftume ne fut de donner le droict de viduité aux
peres fur leurs enfans; ains feulement aux marys,
fur les heritiers collateraux de leurs femmes, def-

Au fonds & en met tant l'Ar- reft à part.

quelles ils auoient eu des enfans nés vifs & de-
ceddez.

En second lieu ie monstrerois, que quand bien
on voudroit interpreter la Coustume, etiam au
preiudice des enfans, que neatmoins cela ne pourroit auoir lieu contre le seigneur feodal, le droict
duquel doit estre preferé à celuy de viduité, pour
trois raisons qui ne peuuent receuoir response
quelconque.

Quant au premier, que l'anciénne Coustume
de Normandie soit bien leüe, & il ne s'y trouuera
vn seul mot qui die que le pere a le droict de viduité sur ses enfans : Si les peres l'ont depuis entrepris, c'est vne vsurpation procedee de leur amitié,
& de la reuerence, respect & tolerance des enfans.

L'ancien-
ne Cou-
stume ne
donnoit
droict de
viduité
aux peres
côtre les
enfans.

Deuant toutes choses il faut establir ceste maxime tres-certaine, qu'en pays coustumier les peres n'ont nul droict sur les biens de leurs enfans, si
la coustume ne leur donne expressement, & que la
loy premiere & derniere, *C. de bon. mater,* & la loy
Cum oportet C. de bonis quæ liberis, n'ont point de lieu
en païs Coustumier : C'est l'ancien arrest des Philippes, de l'an mil cinq cens trentehuict : Ce qui
est tellement vray, tellement certain, qu'encores
que les Coustumes donnent aux peres le bail &
garde, neantmoins si elles n'adioustent qu'ils font
les fruicts leurs, ils sont obligez d'en rendre compte.

Cela presupposé, comme chose qui ne reçoit
ceans aucune doubte, il ne se trouuera point que
la Cou-

la Couſtume de Normandie donne aux peres le droit de viduité ſur leurs enfans : Elle ne leur donne rien comme peres: elle leur donne tout comme marys: elle ne parle ny de puiſſance paternelle, ny de choſe qui en approche : elle ne parle que du droict de viduité, ce qui ne regarde que la femme & non les enfans. Et quant à ce qu'elle adiouſte, *Laſoit qu'ils ſoient morts*, c'eſt à dire, que ſi les enfans eſtoient viuans, les autres heritiers n'y pourroient rien pretendre: le pere en ioüyroit au proffit de ſes enfans. La Couſtume de Normandie ne diſpoſe pas de ce qui doit eſtre faict entre le pere & les enfans: Elle n'a viſee en cet endroict, qu'a ce qui doit auoir lieu entre le mary & les heritiers collateraux de ſa femme : Cela eſt fort manifeſte par la lecture de tout le chapitre cét dixneufieſme.

Mais ce qui le confirme du tout eſt, que ceſte Couſtume ne pourroit point à la nourriture & entretenement des enfans, comme font les autres qui donnent le droict de garde aux peres ſur leurs enfans, auec gain des fruicts.

Et ce qui oſte encores toute difficulté eſt, que les autres couſtumes bornét & limitent touſiours la iouïſſance des peres à vn certain aage des enfans, comme à quinze, dixhuict ou vingt ans, ou vingt-cinq au plus : Et celle-cy ne parle d'aucun aage: Ce qui confirme du tout ce que i'ay dict, ſcauoir, qu'elle n'a iamais penſé à donner le droit de viduité aux peres ſur leurs enfans: ains ſeulement aux marys ſur les heritiers collateraux de leurs femmes.

O

Car de s'imaginer qu'elle ait entendu que le
pere iouïst du bien de son fils, qui auroit quarante
ou cinquante ans, & qui seroit chargé de dix ou
douze enfans, il n'y a aucune apparence, *non hoc*
sensit lex, non hoc voluit: quicunque conditor iste fuit fuit:

Mais petit à petit les peres ont entrepris & tenu
sur leurs enfans, que le respect, la reuerence & l'hon-
neur que Dieu & la Nature ont empreint dans
leurs esprits, à retenus: et de ceste façon cela s'est
coulé, encores que iamais l'intétion de l'anciéne
Coustume n'alla côtre les enfans, ainsi que ie veux
de monstrer par raisons qui n'ont point de response.

De ceste entreprise on veoid vn vestige en l'vn
des appointé est , qui me furent communiquez
hier à sept heures du soir expressément, afin qu'on
n'eust pas le loisir de les bien considerer.

En cet endroit il est necessaire de reprefenter à
la Cour, que le sieur Philippes qui estoit Thresorier de feu Monsieur le Prince de Condé, se pre-
tend son creancier d'vne fort grosse somme, pour
laquelle il a faict arrest entre nos mains, & y en a
instance aux requestes du Palais. C'est luy qui a
mis en l'esprit de monsieur le Prince de renouueler
ce procez, luy persuadant que par le moyen de son
fils maistre des comptes, il luy trouueroit des mer-
ueilles: et de fait, il y a deux ans entiers qu'on faict
chercher dans tous les Greffes, dans tous les ar-
moires, dans tous les registres, comptes & acquists
de la Chambre, afin d'y trouuer quelque chose qui

peuſt ſeruir à ce droiᄼt de viduité, contre celui de
garde. Tout ce qui s'y eſt veu au contraire, tout
ce que Meſſieurs auoient extraiᄼt en ſoixante &
dixſept, a eſté ietté & laiſſé en l'obſcurité. On s'eſt
bien gardé d'en rien eſcrire : Ou ſi on l'a eſcript,
on nous l'a bien ſceu cacher : mais on a faiᄼt
ſoigneuſement ſigner par le Greffier, ce qu'on
a paraduanture eſtimé pouuoir ſeruir à la cauſe
de Monſieur le Prince. Dieu a voulu qu'en moins
d'vn demi quart d'heure, i'ay trouué la reſponce
aux quatre iugemés de l'Eſchiquier de Normãdie,
eſquels conſiſte toute ceſte nouuelle communi-
cation, & tout ce qu'ils ont penſé eſtre pour eux
dans vne recherche de deux ans.

Ie en repreſenteray les propres mots, & com- Reſpôces aux 4. iugemés de l'Eſchiquier.
menceray par vn Appoinᄼté eſt, qui monſtre l'en-
trepriſe, dont ie viens de parler, des peres ſur leurs
enfans. *Arreſtum ſcacarij S. Michaëlis anno 1 2 7 8,
de Guillelmo Creſpini petente quod poſſit vendere de
boſcis liberorum ſuorum, quos tenet ratione viduitatis,
concordatum fuit quod diᄼtos boſcos per conſuetudinem
Normaniæ vendere non poterat, & ſi aliquid vendiderit,
debet reddere rationem de pecunia, vtrum in vtilitatem
diᄼtorum liberorum conuerſa fuerit aut non, & niſi conuerſa fuerit, reddet eam & emendabit.* Ce mot *concordatum* eſt fort remarquable : car il faiᄼt cognoiſtre que ce n'eſt pas vn iugement contradiᄼtoire,
donné auec cognoiſſance de cauſe, ains vng appoinᄼté eſt entre le pere & les enfans.

Par tels & ſemblables moyens les peres Iuges,
Aduocats & Procureurs ſe ſont aduãtagez ſur leurs

enfans *sensim, sine sensu*, interpretans la Constitue[...]
à leur profit, contre son intention, ainsi que[...]
monstré.

Lors que les iugemens estoient conceuz en langue latine on mettoit *Concordatum est*, au lieu[...] l'Appoincté est, que nous auós mis depuis que les arrests sont en François. Et en Cour d'eglise en matiere beneficiale on a tousiours retenu le mot de *Concordatum* : & mesmes l'appointement entre le Pape Leon dixiesme, & le Roy François premier fut appellé Concordat.

Dauantage en cet Appointé est, il n'est nullement questió du seigneur de fief : Il n'est point parlé que ces bois fussent en fief, moins encores en fief non partable qui sont choses necessaires pour donner lieu à la garde du seigneur: Il n'est point dit que les enfans fussent sous aagez au cótraire vraysemblablemér ils auoient excedé l'aage de vingt ans, puis qu'il n'est point parlé de tuteur: De sorte qu'ils ne pouuoient plus estre en garde quand c'eust esté vn fief, & fief non partable : Et consequemment que peut seruir cet Appointé est en la decision de cette cause, où il est question d'vne preference de la garde seigneuriale au droict de viduité?

Il y a encores vn de ces quatre iugemens qui est vn Appoincté est vn Côcordar, voici les mots, *[...] resta sancti Michaëlis & Pascha anno 85. De Rodulpho praeposito & eius vxore petentibus habere tanquam haeredes heritagium, quod quidã bannitus tenebat ratione viduitatis, & de causa quod dictus bannitus erat vxoratus: CONCORDATVM fuit quod haberes eo quod certum erat ipsum bannitum esse vxoratum.* En cela il n'est

parlé de chose quelconque qui approche ny pres,
ny loin de ceste cause? En somme vn banny remarié n'aura point de droict de viduité. Quelle difficulté pourroit-il y auoir en cela? Et qu'est-ce que
cela a de commun auec ceste cause? Le texte de
cet Appointé est, monstre bien que le banny n'e-
stoit pas pere des demandeurs: Dauantage il n'est
point question d'vn seigneur de fief, ny d'vn droict
de garde.

Les deux autres semblent contradictoires, mais
ils ne iugent rien de ce qui est controuersé en ce
procez, voicy les mots du premier, *Scatarium sancti
Michaëlis apud Falesiam anno domini* 1210. *iudicatum
est, quod maritus qui habuit hæredes de vxore, Marita-
gium tenebit, eius quandiu erit sine vxore.* M A R I T A-
G I V M, c'est à dire son dot, que nous appelons encores à present son mariage. Ce iugement ne monstre autre chose, sinon que par droict de viduité on
ioüist du bien de sa defuncte femme, quãd on en a
eu des enfãs: Cela n'est point reuoqué en doute en
ce procez: En tout cela ny aux deux concordats
que ie viens de lire, ny en l'autre iugement que ie
liray maintenant, il n'y a vn seul mot de garde, vn
seul mot de seigneur de fief qu'on vueille exclure,
vn seul mot de fief non partable: Bref il est éuident
qu'il ne s'agissoit non plus en pas vn de ces quatre
iugemens de la question qui se presente: sçauoir si
le droict de garde ne sera pas preferé au droict de
viduité, que de la guerre de Troye.

Dauantage en ce iugement contradictoire de
l'an mil deux cens dix, il n'estoit pas seulement

queſtion du droict de viduité entre le pere & ſes
enfans, *imo vero* ces mots, *qui habuit hæredes de vxore*
monſtrét qu'il n'en auoit plus: car autremenril euſt
dit *qui habet*, & non pas *qui habuit* : ioinct qu'il eſt
manifeſte que les collateraux vouloient auoir le
mariage, d'autant que la femme eſtoit decedee
ſans enfans.

Cela eſt encores eſclaircy par l'autre iugement,
voicy les mots, *Scacarium ſancti Michaëlis apud Ca-*
damum anno 1241. *Iudicatum eſt, quod ſi aliquis bona ce-*
perit vxorem, & non habuerit alterum virum, & habuit
heredes VIVOS ET MORTVOS, *prius deceſſam*
vxoris ſuæ tenebit omnem hereditatem vxoris per totam
vitam ſuam quamdiu vixerit ſine vxore. Ce qui monſ-
ſtre que le droit de viduité doit auoir lieu quand les
enfans ſont nés vifs, & apres morts auant le deceds
de leur mere; ou quand ils decedent apres, durant
la viduité de leur pere: et non pas que le droict de
viduité ait lieu au profit du pere contre ſes enfans.
Mais imaginós nous, & voici le DERNIER POINT
DE LA CAVSE, par lequel il faut finir: Imaginons
nous dis-je, que l'ancienne couſtume de Normádie
n'ait point parlé de ceſte façon, ains que tout au
contraire elle ait dit nommément & expreſſément
que les peres auoient le droict de viduité, ſur &
contre leurs enfans. La meſme couſtume de Normandie donnant la garde ſeigneuriale du ſous
aagé au ſeigneur, voyons lequel doit eſtre preferé,
le ſeigneur ou le pere.

En rencontre de loix qui ſemblent contraires,
nos Iuriſconſultes & leurs interpretes nous ont

laiſſé certaines regles qu'il faut ſuiure, à ſçauoir. ſeigneur doit eſtre preferé au pere.

Que la loy ſpeciale ſera preferee à la generale.

Que celle qui à la cauſe plus ancienne ſera plus forte que l'autre.

Que celle auſſi qui importe le plus au public preuaudra.

Ie monſtreray que par toutes ces regles, le ſeigneur le doit emporter ſur le pere.

Quant à la premiere, elle eſt fondee ſur la loy, *In toto iure 80. de regul. iur.* & la loy *ſanctio 41. de pœnis*: & en ce lieu excellét de Cicero *2. de Inuent. Cum in-* Generi per ſpecié deroga- tur. *ter ſe duæ leges videntur diſcrepare, conſiderandum vtra lex de genere omni, vtra de parte quadam, & in certam rem ſcripta ſit : Nam quæ in partem aliquã, & in certam quandam rem ſcripta eſt, propius ad cauſam accedere vi- detur, & ad iudicium magis pertinet:*

En la loy *2. D. de tritico, vino & oleo leg. Si alij pe- num, alij vinum legatum eſt, cum ſub penore veluti genere vinum quaſi ſpecies contineatur dicemus, excepto vino & exempto de genere, omnem penum ad alium legata- rium pertinere.*

Au fait qui ſe preſente, il n'eſt pas malaiſé de trouuer, lequel eſt dans le genre, & lequel eſt dans l'eſpece.

La couſtume donne au mary la ioüiſſance de toute la terre (prenons qu'elle ait parlé du pere ſans en demeurer d'accort, comme de fait elle n'y a iamais penſé; elle ne parle que du mary; & cela ſoit dit vne fois pour toutes:) La couſtume donc donne au pere la ioüiſſance de *toute la Terre*.

La meſme couſtume dóne au ſeigneur la ioüiſfance feulement *du fief non partable iufques à vingt ans.*

Qui ne voit que le pere eft dans le genre, & le feigneur eft dans l'efpece? & partant qu'il le doit emporter fur le pere: *Generalis difpofitio non comprehendit cafus fpecialiter decifos l. decurionibus. C. de fentiar. libro 12.*

La difpofition qui parle en general de toutes terres, *non extenditur ad cafum habentem aliam fpecificam & determinatam difpofitionem* du fief non partable, *l. doli clanfula de verborum obligat. l. cohæredi qui patrem de vulg. & pupilli fub. Cum expediat contrahere iura iurib. femper eft admittenda interpretatio concurfiue l. uni C. de inoff. dotibus & cap. cùm expediat de ... in 6.* L'interpretation concurfiue n'eft pas que le pere iouïffe de fon droict de viduité (qui emporte tout) au preiudice du feigneur de fief. Ce feroit vne interpretation exclufiue & non pas concurfiue, mais bien l'interpretation concurfiue eft, que le pere iouyffe du fief partable, du bourgage, ou de la roture, & qu'il iouïffe encores du fief non partable, fi l'enfant eft mort, ou qu'il ait vingt ans. Voila les cas aufquels le droict de viduité a lieu, fans faire tort au feigneur.

La loy *vxorem 41. §. fœliciffimo de legat. 3.* eft fondee fur cefte mefme confideration, voici les mots *fœliciffimo fundum Gargilianum: alio capite, filio, quæ ab eius matre relicta funt, Gargilianus eft huiufmodi,* (s'il auroit efté laiffé par la mere) *Cui debebitur? an filio tantum, an fœliciffimo, an duobus? refpondi non eft verifimile eum qui ... aliud fœliciffimo, nifi hoc quod fpecialiter*

legauit,

leduit ad filium, cui & hereditatis suæ partem reliquit, legatum generali sermone transferre voluisse.

Au faict qui se presente qu'eust respondu le Iuriscõsulte? Il eust dit qu'il n'estoit pas vray semblable, que la coustume eust voulu oster au seigneur la iouïssance du fief non partable, qu'elle luy auoit seulement donné: pour la transferer au pere, *cui & alia multa reliquit*, sçauoir, le fief partable, le bourgaige, la roture, & encores le fief non partable, apres que le fils a vingt ans, ou s'il est deceddé.

Deux choses sont grandement a remarquer en ceste loy: L'vne que c'estoit vn fils qui combatoit contre vn estranger: pour lequel fils toutes les couleurs & considerations plausibles qu'on represente en ceste cause sur l'amitié, pieté & charité d'entre les peres & les enfans pouuoient estre alleguees: Et neantmoins le Iurisconsulte ne se laisse nullement emporter à cela, mais demeure dans la regle, que l'espece deroge au genre; & decide pour l'estranger. L'autre chose aussi grandement à remarquer en ceste loy est, que le testateur auoit premierement donné à l'estranger *& nouißime* au fils, tout ainsi qu'au fait qui se presente, la coustume au chapitre trente troisiesme cõmence par le droict de garde, & au chapitre cet dixneufiesme parle du droict de viduité: & neantmoins le Iurisconsulte sans s'arrester à ceste subtilité, sous correction, impertinente, que l'vn des articles soit plus recent, plus nouueau ou auparauant l'autre, decide pour l'estranger auquel auoit esté premierement legué.

Response à ce qu'on dit qu'il est parle du droict de garde auant que du droict de vidui-té.

LA SECONDE REGLE pour iuger le different qui eſt entre deux contendans qui ſe fondent chacun ſur vn article de meſme couſtume, eſt de conſiderer lequel des deux *habet cauſam antiquiorem. Feudi duæ partes ſunt ſubſtantia & accidens: ſubſtantia corpus ipſum feudi: accidens ius vtendi, fruendi, prædio alieno:* C'eſt pourquoy le vaſſal, *nullo tempore præſcribit proprietatem directam, quia non pro ſuo, ſed pro alieno poſſidet argumento l. 3. & l. cum notiſſimi §. ſed de præſ. 30. vel 40. ann.*

Qui ha-
bet cau-
ſam anti-
quiorem.

Qui peut donc auoir en vn fief, vne cauſe plus ancienne que le bien-faicteur, le donateur, le ſeigneur qui a le droict primitif, le droict foncier, le droict feodal qui eſt la baze & le fondement de tous les autres, qui a retenu la directe & le cenſuel ſur l'vtile, toutes les fois qu'il aduient ouuerture de fief.

Si le vaſſal ſous aagé a vn pere, *quid ad dominum?* Long temps auant qu'il fuſt pere, qu'il fuſt marié, le fief ſeruant, & le fief dominant eſtoient eſtablis.

Cela ſe recognoiſtra encores beaucoup mieux par vn exemple familier, & qui aduient chacun iour entre nous. Vne damoiſelle decede à Paris, laiſſant ſon mary, & ſon fils vnicque aagé de dix-neuf ans, & vn fief regy par le vexin.

Le ſeigneur ſaiſit le fief pour ſon relief: Le pere demande d'en ioüir par ſon droict de garde noble, remonſtrãt qu'il ne luy reſte plus que ceſte année, apres laquelle expiree finit ſon droict de garde: et ſur cela repreſente toutes les raiſons ſur leſquelles l'Aduocat de Monſieur le Prince veut appuyer ſa cauſe: Au cõtraire que dit le ſeigneur de fief? Il dit en vn mot, *habeo caufam antiquiorem*: c'eft mon fief, *Inieci dominus in mea iura manus*: Il n'y a ny faueur de pere, ny de mary, ny autre quelconque qui me puiffe arracher le droict cafuel adnenu par l'ouuerture de mon fief : Apres que i'auray ioüy de mon droict, fi voftre garde dure encores, vous prendrez les fruicts, mais de vous comparer auec moy vous ne fçauriez.

De mefme au fait qui fe prefente le feigneur dit au pere, puis que mõ fief eft tombé es mains d'vn vaffal fous aagé, il eft raifonnable que ie ioüiffe de mon droict de garde : Si voftre fils auoit vingt ans ie n'y pretendrois rien : quand il les aura, prenez voftre droict de viduité fi bon vous femble : des mainteuant vous l'auez fur la roture, le bourgage, le fief partable : mais au fief non partable, vous ne pouuez rien pretendre, tant que le temps de ma garde durera.

Quelle replique pertinente peut apporter le pere contre cela, finon de dire, qu'on compare mal le droict de garde au droict de relief: Voyons donc fi cefte comparaifon eft bonne ou mauuaife: cela eft fort aifé à recognoiftre par la lecture d'vn article de l'ancienne couftume de Normãdie au tiltre des gardes, qui eft le trente troifiefme en l'article treiziefme : On a leu quelque chofe de ce qui eftoit au deffus: On en a leu auffi de ce qui eftoit au deffouz, à quoy i'ay refpondu. Mais quãt à celuy-cy, on s'eft biẽ gardé d'y toucher non plus qu'au feu; voicy les mots: *Quand les hoirs feront iffus de garde, les feigneurs n'auront aucun relief d'eux de ce mefme fief: Car les iffues*

de la garde seront comptees au lieu de relief. Que se pourra
il trouuer au monde plus expres pour monstrer ce
que i'ay dit à la Cour, que le droict de garde est
vn droict vrayement, & en tout & par tout feodal,
comme le treisiesme, & comme le relief, & autres
semblables droicts feodaux : *Imo verò* ces mots que
ie viens de lire, font cognoistre que le droict de
garde *fungitur vice* de relief, comme chose que n'est
vne, toute meslee, toute confondue ensemble.

Et quãt a ce qu'on pourroit dire que le relief ne
dure qu'vn an. *Primò*, pour recognoistre la nature
d'vn droit, il ne faut pas regarder la duree du temps,
mais la source, l'origine, la cause & la loy de la succession. *Secundò*, quelquefois le relief tire à soy suite
vingt & vingt cinq annees de fruicts : en sorte plus
que ne pourroit faire la plus longue garde.

Pour le regard de ce qu'on obiecte, que le retraict lignager est preferé au retraict feodal. *Primò*,
cela cesse en beaucoup de lieux. *Secundò*, où il s'ob-
serue, c'est à cause que le fief ne sortant point de la
parenté, on presume le lignager compris en l'inue-
stiture, & en ceste qualité il succede & exclud le
seigneur qui ne viẽt que *post agnatos aut cognatos*, de
la ligne desquels le fief procedde. Mais tout ainsi
qu'ẽ Normandie le seigneur seroit preferé au pere,
en la succession du fief venu de la mere, de mesme
son droict de garde cóme feodal, & partant ayant
causam antiquiorem, doit estre preferé à celuy du pere qui n'est point feodal. L'argumẽt qu'on veut tirer d'vn retraict introduit en faueur d'vn de la famille d'où procedde le fief, ne peut en façon quel-

...que militer au profit du pere qui n'est point de ceste famille, & qui n'y peut iamais succeder, qui n'a aussi aucun retraict lignager sur cet heritage: cela est clair & manifeste.

LA DERNIERE REGLE *pour decider les questions, esquelles divers articles de loix & de coustumes semblent estre opposez l'vn à l'autre, est de considerer,* vtra lex ad maiores & publico magis necessarias res pertinet: *Et par ceste noble question, digne de ce lieu, le plus celebre de la France, c'est à dire de l'Europe, c'est à dire du monde, finira le plaidoyé de ceste cause, toute belle, comme excellente.*

Messieurs, si à tout homme de courage la mort est preferable à la servitude, qui peut doubter qu'il n'y a bien si favorable au monde, que celuy qui est destiné à la guerre, le fondement de toute liberté.

Nemo prouocare audet aut facere iniuriam ei regno aut populo quem intelligit expeditum atque promptum ad vindicandum.

Il n'y a rien soubs le Ciel si noble, si necessaire: Il n'est point d'vtilité si iuste, si vniuerselle, que la protection du repos & de la liberté de son pays.

C'est pourquoy la faueur des mineurs, la faueur de l'Eglise, la faueur des pauures, & generallement toutes sortes de faueurs doibuent cesser lors qu'il y va de la protection & conseruation du general, contre l'insolence de l'espee de l'ennemy public, laquelle difforme & prophane tout,

Quæ contra æneadæ bello fecere profanos.

Encores que la Iustice soit le soleil du monde, neantmoings l'officier de la Couronne qui porte l'espee flam-

P iij

Marginalia:

Considerer lequel des deux Articles concerne les choses plus vtile au public.

Faueur des armes & de la guerre.

boyante de la Maiesté Royalle, preside en tous conseils
celuy qui tient les loix en sa main, & qui en est appellé le
conseruateur & le nomophilacte, Pourquoy? parce que
le droict de la guerre est le parangon de tous autres droicts,
& sans lequel ils ne peuuent subsister.

Auquel propos sainct Ambroyse au premier de ses offi-
ces, Fortitudo quæ bello tuetur patriam ab hostibus, plena iustitia est.

Quid maius militia, quæ sola orbem tempore,
nec regna solum dat aut adimit, sed ipsa uia nam,
nullus status sine ea floruit nullus perennauit.

Par le moyen de cet art les Romains ont surmonté la
multitude des Gaullois, La procerité & force des Alle-
mans, La vigueur des Espagnols, Les ruses des Afri-
cains, La prudence des Grecs, & la richesse
de l'Asie.

Les fiefs
se referét
tous à la
guerre.

Or que les fiefs & leurs droicts ne soyent tous guerriers, voire que l'une des principales forces
de la Couronne de nos Roys ne soit appuyee sur l'establis-
sement des fiefs, il n'en faut nullement doubter, y aller
chercher leur origine & leur institution dans l'antiquité,
parmi les nations estranges.

Maistre Charles du Moulin a dict veritablement &
selon l'histoire, Verum feudorum vsum Franci inue-
nerunt: Car encores qu'il y en ait quelque vmbre dans
les precedens grands Estats, mesmes dans le Romain, &
notamment sur le Rhin, des nations proches duquel a esté
formé ce florissant Empire:

Neantmoins l'inuention en est plustost de nos ancestres
que de ceux qu'ils chasserent par la force de leur armes: Et
par ceste vigueur, & noble vertu françoyse, rompans pour

iamais, ie dis pour iamais, le ioug soubs lequel les Gaulles auoyent gemi cinq cens annees, iettans les fondements de la plus puissante, & plus iuste Monarchie que le soleil voye en faisant le tour du monde, & qui ne tient rien que de ceste diuine essence qui a tout creé, & qui a establi nos souuerains, les premiers Roys des peuples baptizés en son Nom, & les fils aisnez de son Eglise.

Car nous lisons dans Tacite, parlant des mœurs de ces braues Germains, desquels nous sommes descendus, Magna comitū æmulatio, quibus primus apud principem suum locus: magna principum, cui plurimi & acerrimi comites: hæc dignitas, hæ vires, in pace decus, in bello præsidium.

A quoy on peut ioindre ce que Cæsar au troisiesme de bello Gallico escrit de ces deuoüez: & ce que Marcellin remarque des Escuiers & gentilshommes gaullois, dont vingtdeux deffirent trois cens Vandales.

Aussi dés le commencement de ceste Monarchie nous lisons au chapitre quatorziesme du premier liure d'Aimoinus, que Clouys donna en fief Melun, auec les pays d'alentour à Aurelian: Ce qui precedde l'entree des Lombards en Italie, & fait cognoistre qu'eux & toutes les autres nations ont emprunté le vray vsage des fiefs de nos ancestres, qui ont tousiours esté aussi peu curieux de bien escrire, que grandement soigneux de bien faire.

L'inuention des fiefs est doncques toute nostre, toute referee à la guerre: Feed' bellū significat, faida capitalem inimicitiam, dans le 49. chapitre du 4. liure des loix françoises, Hinc Deiffidare. La foy & hommage ne tend à autre but qu'au seruice de la guerre,

Elatásque alte quocumque ad bella vocaret

Promisere manus.

Et afin qu'on n'en peut doubter, on a voulu ... faire porter aux fiefs le nom des armes, hinc feodum loricæ, *fief de haubert frequent en Normandie,*

Flexilis indutis animatur lamina membris
Horribilis visu credas simulachra moueri
Ferrea, cognatoque viros spirare metallo:

Semblables à ceux que les Perses appelloions immortels, Tegitur galea caput, lorica pectus, vbi feriat hostem reperire non potest.

Gens par telle institution nourris & obligez à l'exercice, & à la gloire des armes, omne æuum bello seritur.

Les autres soldats estrangers ou ramassez, torpiter otiose negligenter contumaciter omnia agunt, hinc tot vbiq; ab hostibus illata clades, dum longa pax militem incuriosius legit, dum possessoribus indicti tirones per gratiam aut dissimulationem probantur, talesque sociantur armis quales domini habere fastidiunt.

Au contraire ceux qui dés leur naissance sont esleuez à la guerre, & qui sont seigneurs de fief, destinés à hommes d'armes, sine mora, sine circuitu ad exercitus currunt, *comme si le dernier deuoit encores estre mis en pieces: & estans arriuez, ne desirent, ne souhaittent que de veoir & combattre l'ennemy,* Scientia rei bellicæ dimicandi nutrit audaciam, dum nemo facere metuit quod se bene didicisse confidit: Franci non se numerant sed æstimant. *Le sieur de Ioinuille en la Chronique de sainct Lonys, sur la fin du vingtneufiesme chapitre, parlant du los & de la gloire, qu'acquist en la*

grande

grande bataille de Massoure, messire Guyon Maluoysin vse de ces mots, Il eut grand loz en celle iournee, car il se monstra vaillant, & toute sa gent aussi : ET N'ESTOIT PAS MERVEILLES, car i'ay depuis ouy dire à ceux qui scauoyent & cognoissoiét bié son lignage, & tous les gensdarmes, à peu pres qu'il n'en fallut gueres que tous ses Cheualliers ne fussét de son lignage, ET GENS QVI ESTOIENT SES HOMMES DE FOY ET HOMMAGE LIGE, PARQVOY BEAVCOVP PLVS GRAND COVRAGE AVOYENT-ILS A LEVR CAPITAINE.

Ces fiefs ou bien faicts n'estoyent donnez qu'à la vie: On les feit passer apres aux fils, aux freres, & puis aux autres heritiers, pourueu qu'ils fussent gens de guerre, Sola quæ de hostibus capta erant, limitaneis ducibus & militibus donauit, & eorū hæredibus si militarēt.

CVIAS *en la preface des fiefs* Vasalli prædia feudalia habent vsusfructus tantum iure perpetui, proprietas est dominorum à quibus prædia acceperunt beneficij iure.

Guntherus au huictiesme,

> Publica militiæ vasallus munera iustæ,
> Nó renuat, dominiq; libens in castra vocatus,
> Aut eat, aut alium pro se submittat iterum
> Arbitrio domini, vel quem laudauerit ipse,
> Compenset redimatque suum mercede laboré.

Ce que les Ducs de Normandie tresprudens, tressages & tref-vaillans ont voulu auoir lieu quand les maladies ou autres empeschemens legitimes suruenoyent inopinément.

Q

*Mais quand la foiblesse de l'aage rendoit certainement
leurs vassaux inutiles à la guerre, ils ont voulu que la
cause du don du fief cessant indubitablement, que l'effect
cessast aussi: Et ce pendant prédre le reuenu du fief, afin de
se faire assister & seruir par d'autres: Et sans cela il leur
eust esté impossible de porter leurs armes victorieuses, &
eriger leurs superbes trophees en tant d'endroicts du monde, comme les histoires nous enseignent qu'ils ont faict, &
par mer par terre:* Bellum non in armis solum con-
sistit sed in expensis & sumptibus per quos effica-
cia arma sunt.

Cela ne sera trouué ny rude, ny sordide, ny inique,
si liberam cuique potestatem dicendæ rei suæ le-
gis consideremus: scilicet nemini, vt conditio eius
acciperet vis facta est: roganti, & flagitanti sit di-
cta est: Quoties vasallus feudum aspicit, ingredi-
tur, fruitur, toties alienum beneficium cogitet, &
meminerit qua lege, quo fine acceperit, & quàm
non grauis eius conditio censeri debeat, qui de toto multum accepit, cum nihil dare in potestate
dantis fuerit. Quare mirari non desino quid in
mentem illis venerit qui baillium, releuia cetera-
que dominorum iura restringenda scripserunt.
Ce sont les mots de d'Argentré, parlant de iure bail-
lij.

*Plutarque en la vie de Themistocle rapporte un beau
mot du Persien Artabanus, Mon amy, les loix & les
coustumes des hommes sont differentes: Vne mesme chose est estimee par les uns honneste, par les autres sordide:
par les uns rigoureuse, & par les autres equitable: Mais
bien est-il tousiours honneste de garder & obseruer les*

loix de son pays.

Quelle rigueur peut-il y auoir que ie iouysse en certain temps de l'heritage dont ie pouuois iouyr tousiours, si ie ne l'eusse point donné en fief.

Il n'y a doncques aucune consideration qui puisse emporter à la balance celle du seigneur de fief, du bienfaicteur du public & de la guerre.

QVAND LES ROMAINS sont venus à la decision d'vne semblable questiõ, pour sçauoir si les regles, les loix & les maximes de la puissance paternelle, seroiẽt preferées aux loix, aux regles, & aux maximes de la guerre, Ils n'ont point branslé, ils n'ont point marchandé : ains aussi tost ils ont tranché net, que les maximes de la puissance paternelle cederoiẽt en tout & par tout à celles de la guerre : NAM DISCIPLINA CASTRORVM SEMPER ANTIQVIOR FVIT PARENTIBVS ROMANIS QVAM CHARITAS LIBERORVM : Voila l'arrest de ceste cause en ce texte excellent de la loy, Postliminium 19. de capt. & post. reuer.

Celuy qui merita le surnom de tres-grand à Rome, parlant à son fils : Souuenez-vous tousiours, mon fils, que nos ancestres ont esleué cet empire en ce haut degré d'honneur & de gloire, en preferant continuellement la consideration du pays à celle des peres, & des enfans. Pour ceste mesme raison, l'Empereur en la 4. C. de castr. peculio, veut que ce que le frere, donne à son frere, & tout ensemble son compagnon à la guerre, soit censé, soit reputé donné, non point comme à son frere, mais comme à son compagnon de guerre, preferant tousiours ce qui regarde l'vtilité publique à ce qui est de la pieté particuliere.

N'auoyent-ils pas raison ? puis que quand par la foiblesse des armes, les ennemis deuiennent victorieux : Les
enfans, les femmes, les filles & les peres chenux, ne seruēt
qu'à combler le boisseau de la misere, & de la calamité ?
Les autres meurēt l'espee en la main meslant leur sang genereux auec celuy de l'ennemy : Ceux-cy supportent le
ioug infame & miserable de la captiuité mille & mille
fois plus cruelle que la mort mesme,

O fœlix vna ante alias Priameia virgo !
Hostilē ad tumulum Troiæ sub mœnibus altis,
Iussa mori, quæ sortitus non pertulit vllos,
Nec victoris heri tetigit captiua cubile.

En tels desastres, en telles calamitez, la condition de
ceux qui demeurent en vie, dict Saluian, est plus lamentable que celle des morts.

Il faut donc, sous correction, estre perdu de sens, pour
en chose quelconque preferer ce qui est des peres, des femmes, des enfans, & de toutes ces autres charitez, à ce qui est
du faict de la guerre, & de la force de l'Estat.

Si le vaisseau se brise, tout se noye, Patria libertas ciues arque adeo regum sceptra harent sub tutela ac
præsidio bellicæ virtutis.

Ea acriter retenta principatum terrarum Ro-
mano imperio peperit, quod ex paruissimis fini-
bus pene solis regionibus ac mundi ipsius fine se
dilatauit.

Ea dilapsa, & lons qu'ils commencerent à changer
leurs maximes, toutes portees à la guerre, à la gloire des
armes, & aux triomphes, & morten, & imperium
amiserunt.

Quintus Fabius dans le vingtquatriesme de Titeliue , Cæterum non ea veſtra in me maiorésque meos merita ſunt, VT NON POTIOREM PRI-VATIS NECESSITVDINIBVS REMP. HABEAM, *Ce qui eſt dit par* Valere *en meſme ſens, & en mots inſiniment à propos de ceſte cauſe,* PVBLICA INSTITVTA PRIVATA PIETATE PO-TIORA IVDICO.

I'adiouſteray vne ſentence tirée de la nouuelle 39. qui meriteroit d'eſtre engrauée en lettres d'or en tous les fron-tiſpices des edifices publics , & de l'vſage de laquelle nous auons merueilleuſement beſoin en France , quæ com-muniter omnibus proſunt iis quæ ſpecialiter qui-buſdam vtilia ſunt ſemper preferantur.

Voila Meßieurs vne petite partie des grandes & in-finies raiſons qui naſquirent aux eſprits excellens de la Cour, lors qu'elle donna l'arreſt de Septembre, ſoixäte dix-ſept , qui a preferé le droiêt de garde à celuy de viduité. L'Aduocat de Monſieur le Prince s'éforce en vain de vouloir esbranler cet atreſt : Il a de trop fortes & trop profondes racines,

DESINE FATA DEVM FLECTI SPE-RARE PRECANDO.

Auſſi quand on ſe voit comme deſeſperé de fai-re renuerſer cet arreſt, on dit qu'en tout cas il fail-loit que Madame de Guyſe donnaſt quatre mille liures de rente hors de Normandie & du Comté d'eu, à defunête Madame la Princeſſe de Condé par l'accord de ſainêt Germain , & conſequem-ment qu'il n'eſt queſtion que du plus ou du moins.

Reſpôce à ce qu'ő dit des quatre mil liures de rente, ſuiuant l'accord de S. Ger-main,

Voicy certes vne grande & inſigne ſurpriſe, que les gens de Monſieur le Prince voudroient volonlontiers faire à la Cour.

Si feu monſieur ſon pere euſt voulu executer l'accord de ſainct Germain, iamais il n'y euſt eu de procez ny ſujet d'y en auoir, ainſi que ie l'ay monſtré clairement, & que nous auons fait tout ce qui nous a eſté poſſible pour achetter le repos que feu monſieur le Prince à touſiours fuy, pouſſé par les meſmes eſprits qui ont porté monſieur ſon fils à ceſte vieille recherche & ſans apparence.

Sur cela eſt interuenu l'arreſt de ſoixante dix-ſept. Qui a iamais ouy parler qu'vn accord refuſé ſe puiſſe reprendre apres vn arreſt? voire trête quatre ans apres,& encores maintenãt que l'accord eſt impoſſible par le decez de madamoiſelle de Bourbon, aux droicts immobiliers de laquelle, meſdames ſes tantes, ont ſuccedé du coſté maternel.

On demande pourquoy donc nous auons parlé de l'accord de ſainct Germain, pourquoy des terres de Germaine de Foix? A quoy ie reſponds qu'il a fallu neceſſairement repreſenter l'hiſtoire de ce procez ſelon ſa pure & naifue verité : Et ſi on euſt retranché la moindre choſe de ce qui en a eſté dit, le ſurplus demeuroit ſi obſcur qu'on ne l'euſt peu comprendre :

Ioinct que le fil de ceſte narration fait cognoiſtre combien nous auons touſiours deſiré de ſurachetter l'amitié & le repos, & que nous auons eſté portez par neceſſité à plaider & a nous defendre, & auſſi que par ce diſcours tres-veritable vous auez peu recognoiſtre, Messievrs, que quand Madamoiſelle de Bourbon eſt deced-

dee, elle deuoit à Madame de Guyse plus de quatre cens mille liures pour le tiers des fruicts, de la
moitié des terres venuës de la Royne Germaine
de Foix, comme estant par le partage de soixante
six, le procez de Beaufort nommément excepté
des charges que deuoit supporter feuë Madame de
Neuers seule. De laquelle debte passiue de plus de
quatre cens mille liures, Monsieur le Prince doit sa
part à proportion de ce qu'il amande de la succession de Madamoiselle de Bourbon sa sœur, comme
aussi il doit contribuer à plus de cent cinquante
mille liures d'autres debtes qu'elle auoit contra-
ctees:Et ceste somme de cinq cens cinquante mille
liures estant prise sur la totalité du bien laissé par
Madamoiselle de Bourbon, & en retranchant de
ses terres la valeur du tiers, de la moitié de celles
qui sot venues de Germaine de Foix,par la mesme
raison du procez de Beaufort,ainsi que i'ay mostré
au commencement: Il se trouuera que Madamoiselle de Bourbon n'a laissé escu qu'il ne doiue
plus de quarante cinq sols. Ce qui fait cognoistre
que quand la Requeste de Monsieur le Prince feroit aussi iuste qu'elle est manifestement mal fondee & nó receuable,si est ce qu'il ne pourroit esperer que le quart des fruicts de ces Baronnies depuis
soixante & seize , iusques au second mariage de
feu Monsieur le Prince,qui est de quatre vingts six,
lesquels fruicts ne sçauroient monter en ces neuf
années plus de dixhuict mille escus, dont le quart
n'est que quatre mil cinq cens escus.

Et d'autre-part Monsieur le Prince doit plus de
soixante mil escus pour le remplacement des pro-

de Bourbon deuoit quatre cent mille liures à Madame de Guise, & cent cinquäte mille à d'autres.

Le procez de Beaufort tant en fonds qu'en fruits est cause que madamoiselle de Bourbon n'a laissé escu qui ne doiue quarante cinq sols.

Ce que monsieur le Prince doit.

pres alienez de defuncte madame Marie de Cleues
premiere femme de monsieur son pere, & notamment à cause de la couppe de ses bois de haute fu-
staye, outre & pardessus le réplacement de cént mille liures qu'elle auoit promis emmeublir, lesquels
feu monsieur le Prince a pris sur le don du roy
Charles neufiesme, porté par leur contract de mariage, & sur les bagues, ioyaux, & autres meubles de
la maison de Neuers. Dauantage feu monsieur le
Prince auoit receu des fruicts des terres de Madamoiselle sa fille', situées és coustumes de Chau-
mont en Bassigny & Vitry, (où il n'auoit aucun
droict de faire les fruicts siens,) pour plus de
cent quatre vingt douze mille liures. Sur toutes lesquelles considerations est interuenu l'arrest

L'arrest contre Bruneau qui à iu- gé que feu Mon- sieur le Prince à esté plus que payé des cent mille li- ures en meublis.

donné au rapport de feu monsieur le Doyen Seguyer, le seiziesme Decembre, mil six cens six,
Par lequel maistre François Bruneau creancier de
feu monsieur le Prince qui s'estoit rendu demandeur contre madame de Guyse, sous pretexte de
ceste somme de cent mille liures, mentionnee
par le contract de mariage de monsieur le Prince
fut deboutté, apres que tout ce que ie viens de representer eust esté iustiffié par bonnes pieces, &
mesmes par les extraicts des comptes du tresorier
de feu monsieur le Prince.

On se voudroit volontiers eschapper de ceste
gráde contribution de quatre cés mille liures pour
le tiers des fruicts du procez de Beaufort, liquidez

Arrest de liquida- tion des fruicts.

par l'arrest de la Cour du vingthuictiesme iour de
May, mil six cens dix (que i'ay communiqué) en di

sant

sant que ces terres sont reuenues à Madame de Guyse, & à madame de Neuers, par la succession de madamoiselle de Bourbon: Mais cela, sous correction, n'est nullement à propos, c'est vne pure illusió qu'on veut faire à la Cour. Car madame de Guyse en ce procez de Beaufort, represente le feu sieur Prince de Portien son premier mary, aux droicts duquel elle a esté subrogee, par arrest de soizante & douze. En ceste qualité les fruicts de la moitié des terres venues de Germaine de Foix luy sont deubs: scauoir, pour vn tiers de ceste moitié, par madame de Neuers sa sœur aisnee, auec laquelle elle en a traicté: & par defúcte madamoyselle de Bourbon sa niepce, pour vn autre tiers qui m'ótoit plus de quatre cent mille liures, deslors de son deceds. Le troisiesme tiers est confus en madame de Guyse ; La succession qu'elle a eu de la moitié des terres de madamoiselle sa niepce, n'a rié du tout de commun auec ceste action qui luy compete, comme donataire du sieur Prince de Portien son premier mary, & comme personne estrange. Les terres n'ont rien de commun auec l'action pour les fruicts, Les terres luy sont reuenues pour moitié, & c'est pourquoy ceste action de quatre cens mille liures est confuse en elle, à proportion de ce qu'elle amande de madamoyselle de Bourbon sa niepce: Mais monsieur le Prince en doit aussi sa part, comme des autres debtes de madamoyselle sa sœur, au pro rata de ce qu'il se trouuera proffiter de sa succession, sauf son recours, pour ce regard, contre le Duc d'Ascot, qui n'a nul bien en France

La succession aux terres n'a rien de commun auec la debte des quatre cés mille liures.

R

de valeur, comme i'ay dit.

Tout cela est de droit trescertain, & neātmoins on faict des exclamations, en ces mots : Les terres de Beaufort & autres ne sont-elle pas retournées? Il est vray, elles sont retournees, mais cela n'a rien de commun auec l'action des fruicts, montans plus de quatre cens mille liures. La succession des tantes aux terres, n'empesche pas que madamoy-selle de Bourbon ne deust à madame de Guy-se, representant son premier mary, plus de quatre cent mille liures : Et n'empesche pas aussi que ce que madamoyselle de Bourbon a laissé, ne se trou-ue fort foible, à cause du procez de Beaufort, qui retranche sur son bien la valeur du sixiesme de la totalité des terres venues de Germaine de Foix. Tellement que celui qui aura vn escu de sa succes-sion, en debura plus des trois quarts.

Ce qui reduit ce different à chose de si petite valeur, qu'elle ne meritoit pas le moindre soing que monsieur le Prince en a pris par les persua-sions & grandes esperances que des creanciers ont mis en son esprit.

Et quand d'autrepart on considerera de prés le grand interest du Roy & de ses premiers vassaux, ausquels la perte de ce procez importeroit de mil-lions entiers, voire de droicts de valeur inestima-ble, qui est-ce qui n'en trouuera la pourfuitte estrange?

Et qui pourra croire vn iour (si nostre histoire est cu-rieuse) qu'vn orateur se soit peu resoudre de venir faire en ce lieu (toute la France escoutant) vn discours plain d'ar-

tifiées, plain de mouuemens, qui aboutit par conse-
quences necessaires à ruyner & aneantir en effect
l'vn des plus nobles, plus augustes, & plus anciens
droicts de la Couronne LES GARDES DE NOR-
MANDIE. En les faisant iuger par vostre arrest, deuoir
estre postposées au droict de viduité, directement contre
vostre decision de soixante & dixsept: & aussi en les rendant subiectes à toutes les rentes qu'aura creé le vassal,
ou en verité, ou par fiction, bien que ce droict de garde,
comme feodal, ne fut chargé par l'ācienne Coustume que
de l'entretenemēt des heritages: Et en outre faisant finir la
garde par la maiorité du frere aisné, du vray vassal qui
sera encores dans le berceau.

Car on ne peut, Messieurs, approuuer la nouuelle coustume, pour l'vne des viues atteintes qu'elle a voulu donner à ce riche fleuron de la Couronne, qu'on ne la confirme pour toutes les autres. Et qui plus est on ne la peut suiure en ce qu'elle establit contre les gardes, qu'à plus forte
raison on ne la verifie, on ne l'omologe en effect, pour tous
les autres articles qui vont a la subuertion des plus beaux
droicts de sa Majesté, & de ses premiers vassaux: dont ie
n'ay remarqué que la moindre partie.

LE RESTE SOIT RESERVE' à celuy qui aura ce bon
heur, cet heur rare & souhaitable de faire pour sa Maiesté,
la plus noble, la plus releuee, la plus memorable, & tout ensemble l'vne des plus vtiles & des plus profitables actions
que le Parlement de France ait ouy depuis son establisse-
ment: De laquelle i'espere que, par l'arrest qui interuiendra en ceste cause, le chemin sera preparé & la commission
ordonnee.

Car vous ne permettrez pas, Messieurs, que tant d'en-

treprises, tant d'vsurpations si cuisantes, si dommageables
si importātes, se corroborent par la patiēce. & par le temps
Vous ne reseruerez point à ceux qui viendront après
vous ce grand ouurage, qui sans doute será faict vn iour:
ains au contraire vous voudrez, ie m'asseure, preuenir &
seuls emporter la gloire d'auoir restably par toute ceste
belle & riche prouince, en leur premier lustre, en leur premiere splendeur les droicts de sa Majesté, & de ses grands
vassaux, inseparablement liés ensemble: en rendant par ce
moyen l'vn des plus loüables, & plus signalés seruices que
iamais Senat feit à son souuerain.

IE CONCLVDS à ce que pour le regard de la
requeste presentee par monsieur le Prince, il soit
declaré non receuable, & subordinement mal fondé, & d'icelle monsieur le Duc de Guyse quinte
absouls.

Les moyens de l'appel sont en la page 45. & suiuātes.

Et quant à ce qui concerne l'appel par nous in-
teriecté de la sentence du dixiesme Septembre
cinq cens quatre vingt six, Qu'il soit dit qu'il a esté
mal, nullement & incompetamment executé, pro-
cedé & iugé, & qu'en emendant la sentence, les
Coustumes locales du Comte d'Eu, serōt conser-
uees en leur entier selon vos Arrests.

Ie concluds aussi a ce qu'il plaise à la Cour en
entherinant la Requeste que ma partie a presenté
le vingtcinquiesme Feurier dernier, condamner
monsieur le Prince de restituer les dix mille liures,
que feu monsieur son pere, receut par les mains de
Philippes son thresorier, comme personne estrange selon l'accort du vingtneufiesme May, mil cinq
Pag.12.& 13. cens soixante & seize, laquelle somme il doit ren-

dre suiuant le texte du mesme contract.

A TOVTES CES FINS, & entant que besoin Opposi-
seroit, Monsieur le Duc de Guise s'OPPOSE pour ce tion.
qui le concerne, à tout ce que ceux de Normandie ont
subreptissement obtenu, ordonné & verifié à leur profit,
estans autheurs in rem suam (ce qui porte sa nulité sur le
front) Le tout en son absence.

Tellement que l'opposition de Monsieur de Guise le
conserue par toutes les reigles de la Iustice; veu mesme-
ment que iamais il n'a rien approuué de telles entreprises.

Si les autres grands vassaux ne se sont plaints ou ils
deuoyent, cela ne luy peut preiudicier en sorte quelcõque:
& si nous voulons parler franchement, & dire haut &
clair ce que chacun sçait & ressent en soy mesme, Rien ne
les a retenus que l'apprehension d'offenser trois Cours souueraines qui les iugent chacun iour à Rouen : Mais s'ils
voyent tant soit peut reluire d'esperance de maintenir
leurs anciens droicts par l'authorité de ce grand Parlement, ils ne manqueront pas à eux mesmes.

REQVERANT Monsieur de Guise la ionction
de Monsieur LE PROCVREVR GENERAL
DV ROY, du Roy dis-ie son protecteur, son seigneur de fief, & son seigneur de Souuerain, qui seul est
plus interessé en cet affaire que tous ses grands vassaux
ensemble. La chose parle, l'euidence y est, ceux de la Prouince le scauent & que ie n'ay plaidé vn seul mot qui ne
soit tres-veritable : mais ils se veulent aduantager : Et
comme cela est naturel à l'homme, aussi est-ce au Monar-
que de maintenir ses droicts. Sa Majesté ne le peut mieux
ny plus seurément faire que s'en reposant, MESSIEVRS,

sur voſtre fidelité, voſtre affection, voſtre vigilance, *et*
voſtre ferme *et* conſtante reſolution, de ne fleſchir iamais,
quelque inſtance qui vous en puiſſe eſtre faicte par quelque perſonne que ce ſoit.

Sa Majeſté vous en loüera vn iour : cet eſprit pene-
trant, ce courage releué, ce iugement admirable qui de-
uance le cours du Soleil, le cours de ſon aage, *et* que Dieu
a remply de toutes ſortes de benedictions, entendra quelque iour, combien il eſt intereſſé en cet important affaire
Que dis-ie quelque iour, il l'entendra dés maintenant, *et*
vous ſcaura tresbon gré, Meſſieurs, de l'ouurage que
vous aurez courageuſement commencée pour la conſeruation des droicts ſacrez de ſa couronne, de la couronne de
ſon touſiours-victorieux anceſtre PHILIPPES plus
AVGVSTE qu' Auguſte meſmes.

I'ay dit & demande deſpens.

Signé en la minute,

CHARLES de LORRAINE
Duc de Guyſe.

TABLE DE CE PLAIDOYE
par son ordre.

Charges de la garde. toutes charges, & que le droict de viduité est vne charge, est respondu & monstré que la garde n'est tenue à autre charge sinon d'entretenir les lieux, qui est la charge commune de tout seigneurs qui ioüyt du fief releuant de luy. Et apres est monstré combien il est absurde de dire que la charge d'vn vsufruict, soit vn autre vsufruict, ioinct que l'argument est conuertible auec bien plus de force. *Pag. 61. & suiuant. iusque à 69.*

Rentes. Apres est esclaircie l'entreprise faicte per l'article 218. qui faict dependre les gardes du bon ou mauuais mesnage, & de la bonne ou mauuaise foy des vassaux, contre la nature de tout droict feodal. *Pag. 63. & 64*

Puis est remarqué le peril de la confirmation desdictes entreprises au moyen des trois Cours souueraines qui sont à Rouen. *Pag. 65.*

Il est respondu à l'imagination destituée de tout fondement qu'anciennement les gardes n'emportoient point le gain des fruicts. *Pag. 66.*

4. *Douaire.* Au quatriesme argument fondé sur le doüaire, est respondu & monstré que par l'ancienne Coustume le seigneur n'estoit tenu au doüaire, & d'auantage que l'argument du doüaire, qui n'est que le tiers, ne vaut affirmatiue pour le droit de viduité qui seroit le total. *Pag. 69.*

5. *Parent.* Au cinquiesme argument fondé sur ce qu'on disoit que le pere n'estoit cõpris sous le nom de parẽt, est respondu. *Pag 70.*

6 *Frere aisné* Au sixiesme argument fondé sur ce qu'on dit que la maiorité du frere aisné doit empescher que le puisné sous-aagé ne tumbe en garde, Est respondu & monstré que cela n'est point selon l'ancienne Coustume, & d'auantage qu'il n'y a nulle similitude entre le frere aisné & le pere qui est purement estranger du fief maternel, & qui ne pourroit succeder en Normandie, quand il n'y auroit aucun parent maternel. *Pag. 71. & suiuãte.*

7. Au septiesme argument fondé sur ce qu'on dit que le seigneur est au lieu des enfans, Est respondu & monstré que le seigneur n'est au lieu de personne que de luy mesme, Et d'auantage qu'il est impertinent de dire que les enfans doiuent le droict de viduité à leur pere, Car puis qu'a cause de leur minorité ils sont en la garde de leur seigneur, il s'ensuit qu'ils ne peuuẽt deuoir aucun droict de viduité à leur pere, Et apres il est monstré que l'argument est conuertible auec bien plus de force. *Pag. 74. 75. 76.*

8. *Froissart 1. lieu.* Au huictiesme argument tiré du 1. lieu de Froissart, est respondu. *Pag. 76. iusques à 81*

En ce lieu est remarqué l'endroict de Chopin du 3. *de Domanio T.* 19. *r.* 9. ou il dit que les peres demandent la garde aussi bien que les meres. *Pag. 81.*

S ij

I,
Froiſſart
2. lieu.

Au neufieſme Argument tiré d'vn 2. lieu de Froiſſart, eſt reſpondu & monſtré que les Werdes ou gardes d'Angleterre n'ont eſté introduictes que plus de 150.ans & ſix regnes apres Guillaume le conquerant, & conſequémenr que c'eſt s'abuſer de dire qu'elles viennent de Normandie, & auſſi que ſi le droict en Angleterre eſt tel qu'on le figure,les peres bié que remariez l'auroyent: Or on confeſſe qu'en Normandie les peres remariez n'empeſchent point la garde,& conſequemment les gardes d'Angleterre n'ont rien de commun auec celles de Normandie.

Apres eſt reſpondu à ce qu'on a voulu dire des articles du mariage de feu Monſieur.

10.
Deport.

Au dixieſme argument fondé ſur la preſuppoſition que le deport de minorité auoit eſté aboli, eſt reſpondu & monſtré tout le contraire, & qu'il a eſté confirmé par pluſieurs arreſts de la Cour.

11.
Bretaigne.

A l'vnzieſme argument fondé ſur ce qu'on dit que S. Louys auoit faict abolir les gardes en Bretaigne, eſt reſpondu & iuſtifié que c'eſt vne fable de l'attribuer à ſainct Louys, & eſt monſtré auſſi que l'vne des principales cauſes de la ruyne de la grandeur de la Maiſon de Bretagne eſt venue de l'abolition des gardes.

12.

Au douzieſme argument fondé ſur ce qu'on dict que le pere eſtoit deſia vaſſal,eſt reſpondu & monſtré que telle obiection n'eſt appuyee ſur aucune parole de l'ancienne Couſtume , & que le ſeigneur pourra donner la garde au pere , s'il luy eſt propre à le ſeruir à la guerre : Sinon qu'il la donnera à vn autre.

13.

Au treizieſme argument fondé ſur vne clauſe du partage eſt reſpondu & monſtré que les ſtipulations ne s'eſtendent iamais de cas à cas : & d'auantage que l'exemption d'vn treizieſme en cas d'alienation ne pouuoit de rien incommoder, d'autant que par retraict lignager ou feodal, il euſt fallu par toute ſorte de bon meſnage retirer les terres vendues.

L'ancienne Couſtume de Normandie auoit eſté produicte de part & d'autre en ſoixante dixſept, On peut eſtimer ſi elle fut bien conſideree & balancee.

Requeſte.

D'auantage la requeſte du 28. Aouſt 77. & le texte de l'arreſt iuſtiffient la curieuſe recherche de la Cour auant que de donner ledict arreſt, & en cet endroict eſt tranſcripte ladite requeſte.

Qu'on a eu tort de vouloir faire ſoupçonner ladicte requeſte qui a eſté confirmee par tous les clercs duGreffe & procureurs & qu'on la faict d'autát qu'on ne ſçait qu'y reſpódre.

Responce à ce qu'ō dit res inter alios iudicata. A la 4. obiection contre l'arrest de 77. que c'est chose iugée entre autres personnes, est respōdu & monstré que puis que Monsieur le Prince est heritier de Madamoiselle de Bourbon, l'arrest doit donc estre reputé donné auec luy. D'auantage c'est vn poinct de droict qui decide les questions semblables, à combien plus forte raison l'hypothese mesme, veu principalement que si la cause de feu Monsieur le Prince eust esté bonne, celle de madamoiselle sa fille eust esté aussi sans difficulté.

Pag.97. iusques à 103.

Respondu aux loix dont on s'est voulu seruir pour ce point, & à l'arrest du sieur d'Attichy qui n'a rien du tout de semblable.

Pag.99.& 100.

Au fonds. Av FONDS, en mettant l'arrest a part & sans en rien preiudicier, la cause seroit tres-bonne, parce premierement que iamais l'intention de la coustume de Normanmandie ne fut de donner droict aux peres sur leurs enfans, ains seulement sur les autres heritiers de leurs femmes, & en second lieu, d'autant qu'en concurrence du pere & du seigneur de fief, le droict feodal le doit emporter, pour trois raisons cy apres exprimees.

Viduité.

Pag.103.iusques à 125.

Eschiquier. Respondu aux 4. iugemens de l'eschiquier, & monstré qu'au lieu de seruir à Monsieur le Prince, ils luy nuisent.

Pag. 107. iusques à 110.

Apres, il est monstré que par toutes les regles establies pour accorder des articles de loix, lesquels semblent contraires le seigneur le doit emporter sur le pere.

1. regle pour accorder articles qui semblent contraires. La PREMIERE regle est, que l'espece déroge tousiours au genre. Or le pere est bien au genre, & le seigneur en l'espece, puis que le seigneur n'a son droict de garde que sur le fief non partable & iusques a vingt ans. Et le pere à son droict de viduité sur toute la terre, & sans borne d'aage, & que pendant que le seigneur ioüist du fief non partable, le pere ioüit du fief partable, du bourgage, & de la roture. Tellement que l'interpretation de Monsieur de Guyse est concursiue, au lieu que celle de Monsieur le Prince seroit exclusiue.

Pag.111.iusques à 123.

2. Regle. La SECONDE REGLE est de considerer celuy qui a *causam antiquiorem.* Or le droict du seigneur de fief, est la baze de tous les autres, Il a encores le domaine direct, & a retenu le casuel sur l'vtile aux ouuertures. L'exemple est frequent d'vne Damoiselle qui laisse vn fief au vexin, & vn fils aagé de dixneuf ans, le seigneur aura l'annee du reuenu pour le relief, & non le pere en vertu de l'vsufruict qui luy est donné par la coustume, aussi pendant sa viduité. Or la garde est comparee au relief par l'ancienne coustume de Normandie, & consequemment il n'y a aucune doute que comme droict feodal, il ne doiue estre preferé à l'vsufruict du pere.

Pag. 114.& 115.

S iij

TABLE.

T